王阳明的心学智慧

清心·著

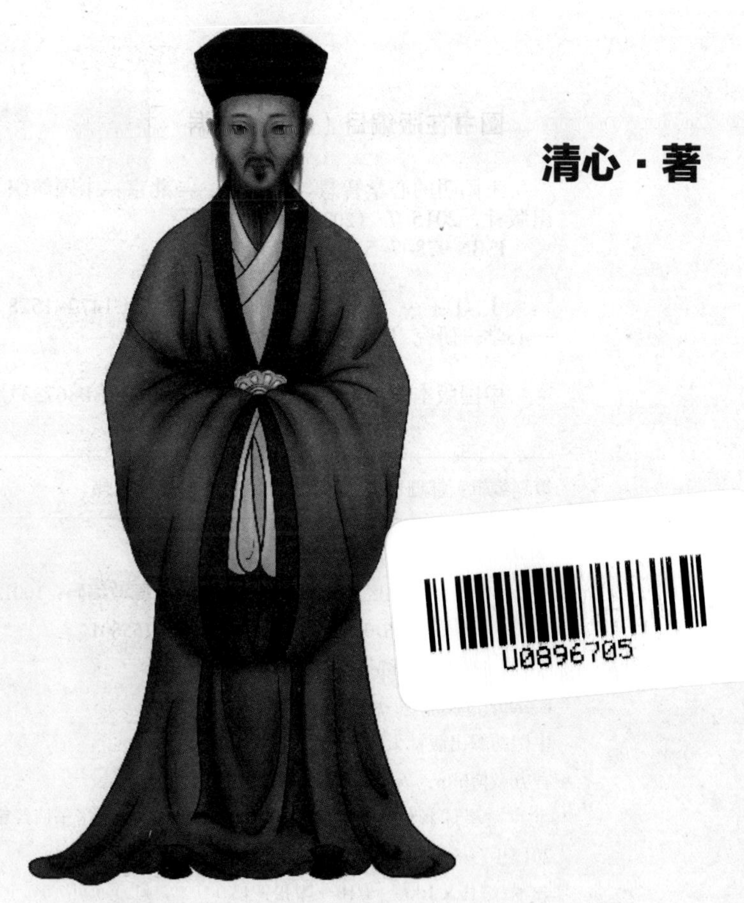

中国纺织出版社

内 容 提 要

王阳明心学是我国两千年来最为精妙、最为神奇的智慧结晶，本书以王阳明的生活经历为基础，用通俗的语言分别从做事、修心、立志、行动、态度等方面，针对社会不断飞速发展，人们内心中所感知的苦闷、失落、孤独、矛盾等诸多问题，给出了一张张心灵良方，让读者可以轻松领悟王阳明心学的智慧精髓，从而让心灵变得逐渐强大起来，获得一种愉悦的人生。

图书在版编目（CIP）数据

王阳明的心学智慧 /清心著. -- 北京：中国纺织出版社，2015. 7 （2024.1重印）
ISBN 978-7-5180-1577-1

Ⅰ. ①王… Ⅱ. ①清… Ⅲ. ①王守仁（1472~1528）—心学—研究 Ⅳ. ①B248.25

中国版本图书馆CIP数据核字（2015）第086733号

策划编辑：郝珊珊　　　　责任印制：储志伟

中国纺织出版社出版发行
地址：北京市朝阳区百子湾东里A407号楼　邮政编码：100124
销售电话：010—67004422　传真：010—87155801
http：//www.c-textilep.com
E-mail：faxing@c-textilep.com
中国纺织出版社天猫旗舰店
官方微博http：//weibo.com/2119887771
北京兰星球彩色印刷有限公司印刷　　各地新华书店经销
2015年7月第1版　2024年1月第3次印刷
开本：710×1000　1/16　印张：13.5
字数：114千字　定价：48.00 元

序

在久远的1508年，在贵州龙场一片荒芜的山林之中，一位中年男子在静寂的黑夜之中，安静地坐在石棺里。他忘记了时间、空间，忘记了自己。那时的他万念俱灰，唯有一灵独存。当他继续将整个身心透入其中，只觉得那独存的一灵也不存在了。他的身心变得虚明透彻，无始无终，无增无减，不生不灭的天地宇宙也连为一片，融为一体。此时此刻，他只觉得天地万物是由自我本性而流出。

终于他大彻大悟，认识了真正的“自我”掌控了自己的内心世界，从此世界上的名利是非、荣辱得失，甚至于生死都再也无法将他束缚，他成了一个心灵自由的人！

他就是中国心学创始人——王阳明。心学的诞生影响了一代又一代的中华儿女，在过去的五百年中，曾国藩、康有为、孙中山等都是王阳明的忠实粉丝。在1513年，日本的了庵桂梧将心学带到日本。结果300年后，日本通过发动“明治维新”，摇身一变成为了地球村里的强国。

有人说人性如同一把双刃剑，就如同水能载舟，亦能覆舟。它既有光明的一面，也有黑暗的一面；它可以成为你的朋友，也可以成为你的敌人。而有人说，人性更像是一匹马，如果你不了解它的习性，它就会将你摔下马背；但是如果你可以掌握它的习性，你就可以随心所欲地驾驭它，让它带着你尽情奔驰在人生的路上，越奔越快，越奔越远。

在现实生活中，我们每一个人都知道，自己最大的敌人不是别人，正是我们自己。我们还知道我们每一个人的内心都拥有无限的潜力，但是我们依然无法驾驭真实的那个自我。我们抱怨，抱怨没有机会，抱怨怀才不遇，抱怨自己的资历浅薄，其实这所有的一切只不过是自己不愿意活在当下，不愿意面对现实。

当我们真正面对现实，当我们学会了掌控自己的内心世界，那么就可以掌控一切，掌控自己的命运，从而拥有良好的心态。在今天的社会里，我们缺少的不是物质，不是财富，我们真正缺少的是一种心灵的高度，是一种扫尽尘埃、处处光明的境界。就像一个人乘坐飞机超越雷雨交加云层，云层之下，电闪雷鸣，大雨倾盆，可是云层之上的世界处处充满阳光，丝毫不受下面云层的影响。

我们的心灵就如同那架飞机，当它飞行在下面的云层之时，就会有乌云，有暴雨，那时候的我们看不到光明，看不到温暖。但是，当我们的心灵飞跃了那个云层，突破了闪电、乌云以及暴雨，我们就会发现，云层之上，万里晴空，一片灿烂，那是一种久违的自由境界，是我们追寻了许久的世界。

王阳明认为，只要我们的心能够真正安静下来，就会保持在一种不动的状态，就可以顺应万物之自然，就可以在万事万物中发挥良知的妙用。在他看来，我们的心本就有着神奇的作用，只要我们学会了掌控自己的内心，就可以看到事物的客观规律，就可以将事情做得非常完美。

面对现实中的各种挫折、赞誉以及诋毁，只要我们可以不再自我束缚，只要我们让心安静下来，就可以从容地面对各种事情，就可以将不可思议的良知妙用发挥出来。相信你自己，因为每一个人心中都蕴含着无穷的潜能，只要我们摒弃掉私欲、物欲，我们就可以掌握自己的内心，掌握这个世界。

编著者

2015年6月

目录

第一章 要做事儿，先修心

1.新唯“心”主义：一切皆由心生

既后读明道先生书曰：“吾作字甚敬，非是要字好，只此是学。”既非要字好，又何学也？乃知古人随时随事只在心上学，此心精明，字好亦在其中矣。后与学者论格物，多举此为证。

——《年谱》

无论置身在怎样的困难环境之中，只要能快速调整自己的心境，保持一种坦然淡定的状态，就可以从容地面对错综复杂的人与事，从而采取正确的方法去应对。

王阳明尽管天资聪慧，但是少年时期的他豪迈不羁，行为放逸，而且特别喜欢跟人们开一些没有原则的玩笑，在家人和朋友眼中，他就是一个顽皮、无拘无束的小青年。从小特立独行的王阳明没少让父亲费心，在他17岁的时候，父亲为了束缚一下他那不羁的个性，命令他去江西迎娶自己的妻子。

洞房花烛夜，新婚燕尔时，他却一个人优哉游哉地跑去了铁柱宫和道士一起畅谈养生之道，彻夜未归。王阳明向来就是一个特立独行的人，不拘礼法的约束。比如，他在京城的私塾读书，上课期间竟然翘课去和街上的小伙伴玩什么军事游戏，惹得父亲动怒，对他一番教训，但是他依然玩心不改。结婚后的王阳明在岳父家住了一年。当时他觉得自己的书法不是很好，于是乎每日在岳父的府邸之中练习书法，开始他只是按照古人的书法去临摹，但是后来他发现如此临摹最终也只是追求一个形似罢了。从那之后，他每次下笔，必要先仔细琢磨，然后凝神屏息，让自己的心沉静下来，去体会字的深意，然后才下笔。时间久了，他悟出想要练好字，就必须从心中获得启示，只有心中有了精神，字才会拥有精气神。

第二年，王阳明带着妻子回老家，在中途的广信拜访了当时的儒学大家娄谅。娄谅对理学颇有研究，两个人相谈甚欢。娄谅告诉他人生很严肃，圣人必可学而至的道理。于是王阳明回到家乡便开始奋发图强，但是在余姚他很快就又恢复了舞文弄墨的兴趣，和周围的人一起建立诗社，喝酒对诗。

当时王阳明的辞章已经达到了一定的高度，他的文风自然流畅，文字富于变化，不仅豪迈跌宕，更是大气磅礴。时光飞逝，王阳明在辞章的研究中度过了一年之久。1492年，他的爷爷王伦去世，他的父亲返乡办理丧失。爷爷自幼将王阳明视为掌上明珠，爷爷的去世对他的打击非同一般。但是世事无常，人在一生当中总要面对一些永远都不想却不得不面对的事实。王阳明的父亲在家守孝三年，命令王阳明好好学习科考的学术，准备参加科举。

王阳明从小就立下志向要成为圣人，但在大家眼中他不过是喜爱辞章罢了，其实他是想以辞章来影响天下之人。科举是大明朝所有学生必须要走的路，因为在那个年代除了科举，读书人似乎也找不到其他的途径来施展自己的抱负。王阳明在父亲的督促之下，也开始了对科举考试学问的钻研，到了晚上他就将爷爷留下的那些经史子集等各类书籍整理归类，然后一点点细读，经常是读起来就忘记了时间，等到回过神来，竟然发现已经是夜半时分。

王阳明的辞章尽管在长辈那里深得赞叹，但是平日他豪放不羁，带给别人的印象就是嬉笑怒骂，简单率直，从来就不会墨守成规，其实就是一个不太听话的孩子。但是他永远都不会走寻常路，而别人永远都摸不清他想什么。第二天与大家见面，所有的人都发现王阳明这个不羁的孩子竟然一夜之间变得有些不认识了。原来，王阳明不仅正襟危坐，而且探讨学问相当严肃，再也不与大家开玩笑了，而且话语也变得少了。

平日里那个喜欢饶舌嬉戏的孩子突然之间变得严谨而沉默，这样一来，大家倒是都觉得奇怪而且有些不好意思，还有一些人在心中暗自发笑。但是就在此时，王阳明一脸严肃并一丝不苟地正色回敬各位长辈说："过去的自己放任不羁，现在知道错了。春秋时期卫国的蘧瑗到了49岁才知道自己的错误，而我自己还不过20岁，现在知道悔过还不算晚吧。"

从此，王阳明始终都保持着严谨的作风，没有发生变化。后来在平定朱宸濠叛乱之时，面对十万火急的军情，他始终从容不迫，就算是被宁王追杀也都保持着冷静，最终活捉宁王，取得胜利。一切皆由心生，要想掌握自己的命运，关键在于掌握自己的心灵状态，只要可以让心沉静下来，只要可以摒弃那些纷纭的杂念，就可以驾驭自己的内心，体验到那种可控的成功感觉。

一个人心若清净了，这世界就变得清净了。如果心是阴暗的，这世界也变成阴暗的了。世间的万事万物的心境，都是由自己的内心变化而来。

2. 不会自我调节，注定被Pass

日间工夫，觉纷扰则静坐，觉懒看书则且看书，是亦因病而药。

——《传习录》

世间之事纷繁复杂，如想成功必定要修炼自己的身心，纵观天下，无论是圣贤还是成功之士共同的特点，就是都可以面对任何事情进行自我调节，所谓“宠辱不惊，看庭前花开花落；去留无意，望天空云卷云舒”。

王阳明尽管出生在书香门第，用现在的话说算是正儿八经的富二代加官二代，但是他这一生却充满了坎坷，通往圣贤的路上命运并未曾因为他的出身而对他有一丁点的偏爱。13岁那年，王阳明的母亲郑氏去世，幼年丧母对于他来说实在是一个很大的挫折，但是王阳明并没有因此而萎靡不振，而是志存高远，早早地便立下了做圣贤之人的宏图大志。

一次王阳明问私塾的先生："何为人生第一等大事？"当塾师告诉他"读书登第"之时，他却说"登第"并不算是什么天下的首要大事，读书的目的不应该是为了"登第"，而是应该成为"圣贤"。塾师听后大为吃惊，而他的父亲听后一笑置之，觉得这是小孩子的一时笑言罢了，当不得真。但是王阳明这一生无论走到哪里，无论身处何种境地都以圣贤之路为中心，最终成为我国历史上一代圣贤。

在明朝的时候，科举是莘莘学子唯一进入仕途的道路，除此之外并没有第二条路可以选择，所以天下所有的读书人都以科举考试为一生的目标。而王阳明尽管天资聪明却在仕途之路上并没有那么顺利。从20岁开始他就走上了科举考试的独木桥上，可是很不幸，自从21岁通过乡试成为举人之后，从此接连失利，一直到1499年才得以进士及第。

22岁的时候，王明阳进士没有考中，当时的内阁首辅李东阳便取笑他道："你这次虽然没有中状元，但是下次科举一定会中状元，不妨试一试为下次科举中状元作个状元赋吧！”如果换成其他人，面对如此的羞辱之举或许会恼羞成怒，但是王阳明一脸坦然，挥笔完成了状元赋。“世以不得第为耻，吾以不得第动心为耻。”这就是他面对科举考试落地的态度。不要说在明朝了，就算是现代人，我想也极少有人可以从容面对高考落榜的不幸吧。

对于王阳明而言，无论是科举高中还是落第并不是最重要的，重要的是无论哪种结果只要因结果而动心才是一种耻辱。王阳明认为，科举考试的失败与否并不能称得上是真正的失败，而因为失败带给人的那种挫折感而直接导致人内心中的苦闷与烦恼才算是真正的失败。对于一个人来讲，如果不经历失败，如果不经历磨难很难能够悟到人生中的那些道理，王明阳在将近十年的科举考试之路中并不是将科举作为自己的目标，而是不断进行自我调节，始终按照个人的理想发展才能，增长知识，这为他在后来的圣贤之路奠定了基础。

正德二年也就是1507年的春天，王阳明因为得罪了当时的宦官刘瑾而被流放到贵州龙场做驿丞。驿丞在现在来说就是地方的一个小招待所而已，这也意味着王阳明已经被除去了所有的官职，这对于他而言已经是很不幸了吧，但是更为不幸的是，他所流放的贵州龙场地处偏远，据资料记载，龙场所处的地方漫山遍野都是荆棘，那里不仅瘴疠肆虐，而且毒蛇野兽遍地都是，生存在那里对于来自京都的人而言可谓是九死一生。

龙场位于贵州的西北地区，那里居住的都是少数民族，少有汉人，就算是能遇到一两个汉人不是逃犯就是杀人狂徒，所以被贬到龙场无异于是一场生死历练。王明阳几经磨难到达龙场之后，却发现自己竟然连一个居住的地方都没有，没有办法，他只有与手下的弟兄顾不上旅途的辛劳立刻动手搭建草棚，而那草棚不过到他的肩膀而已，如此的恶劣环境对于一个官二代和富二代来说，不仅仅是一种生死考验，更是一种内心与精神的残酷折磨。

孟子早就说过："天将降大任于斯人也，必先苦其心志，劳其筋骨，饿其体肤，空乏其身，行拂乱其所为，所以动心忍性，增益其所不能。"我想大概一个人真正经历了生死考验才能真正领悟一些做人的道理。对于王阳明而言，此时此景他早已经别无选择。

要么郁郁而终在这荒山野岭，要么振作起来咬牙坚持，王阳明将孟子的那句话每天在心里默念数遍，他想象如果是圣贤之人在这样的环境又该如何自处，如此一来，他便在这穷山恶水之中超然物外，还为自己打造了一副石棺，日日在里边静坐参究，渐渐觉得胸中豁然，而眼前的生死荣辱以及个人的得失都抛到了九霄云外，终于在一天恍然大悟，心中一下子亮堂了起来，原来"圣人之道，吾性自足"。

自我调节从古至今都是适应社会生活与工作的一项最基本功能。不能自我调节，不能控制好自己的情绪，那么就会终日将时间与精力耗费在一些小事与无聊的事情之中，自然也就与成功无缘。

3. 卓绝的头脑比不过强大的内心

爱问：至善只求诸心，恐於天下事理有不能尽。先生曰：心即理也。天下又有心外之事，心外之理乎？

——《传习录》

“心即是理，心外无物”是王阳明创立心学的核心思想所在。按照王阳明的心学，道理其实都在心中，世间并无存在心外的事物和道理，只有拥有了强大的内心，潜意识中的潜能才能被激发出来，才会产生无穷的力量。

有一天，王阳明同一位朋友一起在南镇的山间游玩，朋友看到山岩中的花树就问道：“天下既无心外之物，如此花树，在这深山之中兀自花开花落，于我心有何关系？”王阳明的回答可以说十分巧妙，他说：“你未看到花时，这花与汝心同归丁寂。你来到山中见到此花，则此花颜色一时便明白起来，便知这花并不在你的心外。”

世界上的所有问题，对于王阳明来讲都可以在自己的内心找到答案。他觉得世界上万事万物的根源都在自己的心里。王阳明在一首诗中写道：“人人自有定盘针，万化根源总在心。却笑从前颠倒见，直至叶叶外头寻。”我们都知道每一个人身上都有一种潜在的力量，这种力量不仅可以帮助我们健康，快乐，更能让我们收获成功。这种力量原本存在我们的内心深处，只是在生活中这种强大的力量被欲望所遮蔽，如果可以将这些遮蔽的物欲清除，去感受内心的这种力量，那么这股潜能就将产生无穷的力量。

在明朝，宦官当权，民不聊生。在那场浩浩荡荡的反刘瑾运动中，王阳明也算是其中一个。就在一些大臣入狱之后，他给当时的皇帝朱厚照写了一封非常委婉的信。信中说，入狱的那些人触犯了皇帝，所以应该接受处罚。但是，那也是他们的职责，国家有了事情，他们不站出来说一说，岂不是失职了，皇帝如果要那样的臣子又有什么用处？他们说对了，皇帝可以照做；如果说错了嘛，皇帝也可以大人不记小人过，多多担待他们。现在，皇帝对这些人使用酷刑，这不是相当于挡了大臣们的言路吗，这样下去谁还敢再说真话呢？

从表面看，王阳明的这封信并不像蒋钦他们一样言辞激烈，也并没有将矛头指向刘瑾，可是当刘瑾看到这封信的时候，发现王阳明这简直是绵里藏针。王阳明在信中所说的，大臣们被施以酷刑，以后就不会有人说真话了。而大臣们所说的不就是刘瑾的事情吗，这分明是赤裸裸对刘瑾这个邪恶之徒的批驳。

刘瑾最终将王阳明扔进了锦衣卫的大牢之中。众所周知，锦衣卫的大牢可不是什么好地方，但凡进去的人很少有人能够活着出来。就在那年的冬季，王阳明被刘瑾在午门之外赏赐了四十廷杖，四十廷杖对于一个人来讲原本就是九死一生，何况刘瑾要求王阳明脱掉裤子执行廷杖。四十廷杖之后王阳明早已经是气息奄奄，可以说离死亡已经不远了。面对皮开肉绽的王阳明，刘瑾下令拖进大牢，从此王阳明开始了锦衣卫大牢中的艰苦生活。

锦衣卫的牢房在当时被称为“诏狱”，生存环境极其恶劣，而且还有各种无法想象的酷刑，但是王阳明却在大牢中创造了一个奇迹。在监牢中不知道过了多久，王阳明才缓缓睁开眼睛，他发现自己还活着。当他清醒过来之后，看着自己身处的环境，想起了自己走过的追逐圣贤的路途，想到了司马迁，想到了孔夫子，想到了屈原，这些古代圣贤的事例一个个涌现到自己的脑海之中。由此他的圣贤情怀充溢到脑海和心里，并写下狱中诗。

在锦衣卫的大牢中，王阳明并没有后悔自己走过的路、做过的事情，身在糟糕的监狱之中，他更加坚定了自己的圣贤之路，心里更加豁然光明起来，于是他在狱中开始讲学，讲圣贤之学。锦衣卫的大牢可是九死一生的地方，但是王阳明凭借着自己坚强的意志以及强大的内心，将这恶劣的大牢当作了自己的精神历练之地。就这样，他在锦衣卫的大狱之中待了足足五六个月，最后朝廷裁决将他贬到贵州龙场做驿丞。

王明阳在恶劣的“诏狱”中之所以能成就一个奇迹，靠的并不是他卓越而聪明的头脑，真正依靠的是他强大的内心、坚强的意志，以及他对圣贤追逐的笃定。在我们每一个人的心中都藏着这样强大的力量，之所以不能显现，是因为我们面对事情本身所反映出来的一些负面情绪和消极心态。试想一想，如果王阳明面对锦衣卫那种人间炼狱般的大牢，一味沉浸在失望和痛苦之中不能自拔，那么他的生命或许早就在“诏狱”之中郁郁而终了。

一个人内心的强大才是真正的强大。面对人生旅途中的种种不如意，只要排除来自内心的那种消极意识，就可以获得积极的力量，让自己强大起来。

4. 心灵自然纯粹，才能创造奇迹

汝若于货、色、名、利等心，一切皆如不做劫盗之心一般，皆消灭了，光光只是心之本体，看有甚闲思虑？此便是“寂然不动”，便是“未发之中”，便是“廓然大公”。自然“感而遂通”，自然“发而中节”，自然“物来顺应”。

——《传习录》

心外无物，假如每一个人都可以像王明阳先生那样拥有对财、色、名、利等的认知和想法，都像不想做盗贼一样剔除自己内心的杂念，那么心就归于寂然不动的境界，也就让心灵归于自然纯粹了，就算是各种情绪困扰，心中也是一片淡泊宁静，自然也就可以很好地处理所有的事情，创造出人生的奇迹。

早年的王阳明就已为自己立下了圣贤之志，在1502年王阳明从九华山回京复命之后，便开始了他所追求的“第一德业”。所谓第一德业，就是远离尘寰，一心一意，潜心修道。王阳明从小就是一个言行一致的人，他只要说到就必须做到。所以回京之后他立刻给皇帝写了一份辞职报告，以养病为由要求回老家休养。

当时的王阳明不过是身居六品的芝麻绿豆小官，在皇帝那里根本算不上什么，当然也就很快得到了批准。于是，王阳明马不停蹄回到家乡。他当然不是回到家中居住，而是跑到了会稽山上的洞中开始了他的潜心修道大业。

王阳明认为，心性修养最重要的一点就是要将自己内心中的私心杂念彻底清除，只要有一点杂念留在心中，那么这点杂念就会慢慢扩大，最终引起杂念纷纭，乃至滋生祸端。在现实生活中，很多的奇迹都是在一种内心纯粹的状态下完成的。有这样一个故事，在一座海拔8611米的山峰上，登山队员以不带氧气瓶征服山峰为奋斗目标，结果到了临界点只有一个登山队员创造了奇迹。

这位登山队员说，决定成败的并不是依靠身体的强壮，而是看能否克服心里极度需要氧气的欲念，在到达6500米的空气忍受临界点之时，想要不借助氧气继续攀登，心中必须要不能有一丝的杂念和欲望，否则只能以失败告终。

据王阳明的弟子王畿记载，王阳明在会稽山修道，差点殒命于此。远离尘世的喧嚣，独居洞中，终日与佛、道两家修学精髓为伴，当然有时候会觉得凄苦无依，也就是说王阳明在洞中也要经历独处寂寞极限，而他最终日夜勤修，练得一颗不动之心，忘己忘物，忘天忘地，与天地之空虚同体，似欲言而忘其所以言的传奇境界。

王阳明就这样在洞中静坐修道，让自己的内心归于纯粹，以致最后修炼到可以进入物我两忘、天地消泯的光明境地，而这些可以说为他日后在龙场悟道，打下了坚实的基础。

某一天，王阳明正在洞中静坐修心，忽然睁开双眼对家童说，现在有几个友人来山中探访，赶快顺着哪一条山路去迎接。家童听后自然是半信半疑，但是走到半路果真就接到了那几个访客，访客听后也大为吃惊，都觉得王阳明都快修成神仙了。当然王阳明也为自己练就的这些特异功能而沾沾自喜，但是没有多久他开始幡然醒悟，用他自己话说："此簸弄精神，非道也。"然后便开始放弃这些修道中的副产品，又开始了静坐修道。

随着山中修道的时间愈来愈久，王阳明远离尘世，遗世独立的定境之乐也就越来越强，这也让王阳明感到了从来都没有过的自在和欢愉。当然时间长了之后，他便也开始有了出世的想法，此想法一出他第一个想到的就是自己的在世的老祖母和父亲，心中不免有了一些纠结。远离喧嚣的尘世，此时的王阳明就像是高空中飞行的风筝，但是孝亲之念却牢牢地系在他的身上。又过了一段时间，王阳明在某一日顿悟："此孝弟一念生于孩提，若此念可取，断灭种性矣。"于是收拾好铺盖头也不回地下山而去。

一个人在人生的道路上前行，只有澄清了心中的各种欲望，让心灵归于自然纯粹，才可以将最大的潜能激发出来，才能突破自己的极限，才可以享受到成功的喜悦。俗话说："千里之堤，溃于蚁穴。"就是这个道理。天下任何的事物发展皆是由小到大，不利因素当然也是如此，如果不在微小之时加以节制，很可能会造成严重的后果。王阳明从少年时期便立下了做圣贤的志向，在追寻圣贤的路上，在他心中始终有一个不可撼动、不容更改的目标，那就是成为圣贤之人。为此，他修身养性，远离尘世，静坐修道，去杂念，让心留存满腔诚意。可以说，他的心清澈虚明，活泼得如同一泓清泉，对世间一切毫无执着，心与天合一，知与行合一，将生命提升到了心无所碍、神奇莫测的境界。

心灵自然纯粹才能主宰自己的一生，也只有心灵纯粹才可创造人类的奇迹，才可以坦然地面对发生的任何事情，并淡然处之。

5. 表面迎合不如内在契合

爱因未会先生“知行合一”之训，与宗贤、惟贤往复辩论，未能决，以问于先生。

先生曰：“试举看。”

爱曰：“如今人尽有知得父当孝、兄当弟者，却不能孝、不能弟，便是知与行分明是两件。”

先生曰：“此已被私欲隔断，不是知行的本体了。未有知而不行者。知而不行，只是未知。”

——《传习录》

很多人在面对人和事的时候，出于各种原因只是表面迎合，而内心之中却存在着另一种想法和认知。其实这种情况皆是因为心被私欲阻断，不再是知行的本体，也可以说没有真正认识到事物的本质，所以不能行。

宋代大儒朱熹认为，世间万物，一草一木都有其存在的道理。理先天地而生，而这些在人的言行中则表现为仁义礼智等道德伦理方面，所以人们应该“格物致理”。王阳明看了朱熹的这些理论之后，便叫上一位姓钱的同学对着一片竹子“格”了起来，他们希望能从这片竹林中得到万事万物的道理。于是两个人开始面对竹林静坐，并且日夜不分。当到了第三天的时候，那位姓钱的同学终于再也支撑不下去了，病倒了。

王阳明面对着竹子静坐，眼睛紧紧盯着一棵竹子，只见眼前的那棵竹子像碗口那么粗，竹叶疏松，直指天际。凝视之中，王阳明认真思考的是竹子背后的道理，他想到了竹子的作用，想到了竹子的药理，想到了竹子的优美与雅致，总之以竹子为中心，他几乎想到了所有相关的题目。就这样，王阳明整整思考了七天，感觉一棵竹子就能做一篇很长的文章，但是此时的他只觉得头昏目眩，几乎就要晕倒了。他想，难道真的如孔子所说："终日不食，终夜不寝，以思，无益，不如学也？"但是他又想到禅宗，因为禅宗的师傅们向来都是静坐悟道的，难道这圣人之路就这么难以求得吗？就在第七天，王阳明实在无法坚持了，于是跟姓钱的同学一样，扑通一声倒在了地上，生病在床。

格竹子一事很长时间都在王阳明的朋友同学之间被传为笑料，但是也就是从那时开始，他开始对朱熹"格物致知"的思想理论产生了一些怀疑。要知道，王阳明从小对学问就是一个非常严谨的人，15岁的时候因为学习兵法，就敢一个人独自骑马考察边关。这也说明，他对学问，对做事，对人从来都不会盲从，自然也就不会表面迎合。所以面对朱熹的理论，他选择的是让自己去探索求知其中的真理。

王阳明年轻的时候非常喜欢研究军事。他家是诗书世家，家里经常会有访客，这对于王阳明来讲是一件非常令人兴奋的事情。因为只要有人来了，他就可以拿着花生、瓜子等招待来访者，招待来访者之时，他就会兴致极好地跟人家大谈兵法，并用瓜子和花生摆出各种两军对垒的情形，往往谈起来就把一切都忘记了。慢慢地，他对军事研究已经到了一种痴迷的状态。通过这件事，也表明了王阳明对待万事万物的态度，如果是表面迎合，任谁都不会这样执着痴迷。当然如果王阳明只是表面迎合，自然也不会成为我国伟大的圣贤之人。

有时候我们很想认真地去做一件事，但是周围的人对你想做的事情表达出来的意思却是多种多样，冷嘲热讽纷至沓来，极少会有人支持。在这些非议面前，在这些诸多的负面影响面前，很多人选择的是退缩，从此失去做事情的勇气和激情，即便再提及那件事也不过是表面迎合。对于王阳明来讲，自从小时候开始立志当圣人之后，父亲、老师对他的这些想法便嗤之以鼻，更不要说别人的看法了。按照现在的观点，王阳明在明朝就是一个不折不扣的另类青年，从格竹子这件啼笑皆非的事情上，就可见一斑。但是王阳明向来就是一个行为举止奇特的青年，他对这些外界的言论也从来都没有放在心上，对自己追求的圣贤之路，也从来都不会表面迎合，而是身心积极契合，无论在何种境地，无论面对什么样的事情，从来都不曾将这一志向忘记，而是将这圣贤的理想时刻放在心中，努力追求，从不舍弃和犹豫。

1488年，王明阳身负父亲的嘱托，去江西迎娶自己的妻子，结婚之后他住在岳父家，发现自己的字写得还不能达到圣人的境地，于是在岳父家的一年半时间，开始潜心学习书法，每日勤加练习，后来王阳明也成了一代书法大家，并且自成一体，成为后人所敬仰学习的对象。

在现实生活和工作当中，面对一些人和事，有一些无聊的杂念，有一些闲言碎语实在是稀疏平常之事，只要让心回归于宁静的状态，摒弃掉那些私心杂念，抱着积极肯定的态度，相信人生必将迎来一个全新的世界。

6. 世风起，心灯不灭

此心光明，亦复何言。

——《静心录》

王阳明在很小的时候便立下了做圣人的大志，他一生勤于读书，并渴望成为国家的栋梁之才。但是，他的道路却走得异常艰难，初入仕途便遭到刘瑾的打击报复，被贬龙场三年，九死一生，受尽人间磨难。也正是因此，王阳明方可悟道人生的真智慧，形成自己的心学，成为一代圣贤之人。

1506年的大明朝发生了一件人事，那就是老皇帝朱祐樘去世，小皇帝朱厚照登基。其实这对于一个朝廷来说也不是什么大事，但是关键的问题所在是朱厚照登基，以刘瑾为首的八位太监从此借着皇帝的宠信开始了宦官弄权，以致弄得官场黑暗、民不聊生。当时无论是政府公务员还是民间，都将这八位太监称为“八虎”。可想而知，这几个太监是何等的厉害。

据资料记载，刘瑾是一个极其阴险狡猾之人，而且心狠手辣。因为刘瑾带着皇帝每每寻欢作乐而不理朝政，老皇帝朱祐樘去世时为小皇帝选定的九位顾命大臣联合上疏决意要将以刘瑾为首的“八虎”除之而后快，刘瑾得知此消息便连夜觐见皇帝，摆出一副委屈的样子跟小皇帝玩起了一哭二闹三上吊的把戏，将一切责任推给了王岳，从此皇帝将东西两厂交给了“八虎”管理。刘瑾对于那些上疏弹劾他的大臣便开始了一场史无前例的打击报复。

朝中大臣从此不敢说话，但是世间的正义还是不能完全被打压的。当时的两名言官在这种情况下依然上疏皇帝直言不讳地说必须将“八虎”处死，自然这两位言官也就落入了锦衣卫的大牢之中。在这种情况下，王阳明站了出来，上疏皇帝说，言官乃一个国家与民间联结的枢纽，所以不能杀，也不能打入大牢，尽管书信委婉平和，但是语气也是相当犀利，眼中不揉沙子的刘瑾看到上疏立即将王阳明拖到午门外廷杖四十并打入锦衣卫大牢。

其实在那种情况之下，所有的人都知道上疏的结果是什么，但是王阳明为什么还敢于挺身斗虎呢？原因就在于他有一颗立志做圣贤的志向，他觉得如果是圣贤之人此时也必将会站出来说句公道话，但是他换来的是牢狱之灾，是锦衣卫大牢的九死一生。王阳明对此并不后悔，在锦衣卫的大牢中他甚至为别人讲圣贤之路，并将大牢那恶劣的环境作为自己通往圣贤之路的一种考验。终于他迎来了朝廷的处罚，从此可以离开牢狱，但是面对他的却是一场比锦衣卫大牢更要严峻的考验。

尽管最后王阳明没有被处决，而是被贬到贵州的龙场做驿丞，但是刘瑾是一个有仇必报的小人，哪里能这样让王阳明就此离开，他的目的很明确那就是杀死王阳明。在王阳明离开锦衣卫大牢奔赴家乡的路上，他察觉到有人跟踪，深知这是与刘瑾的一场生死对决，善于兵法的王阳明于是一路之上不按照常理出牌，偶尔夜行，偶尔日行，偶尔走大路，偶尔走小路，全无规律可循。

钱塘江就在眼前，而王阳明的家乡余姚也就在眼前，可是此时的锦衣卫追杀已经从暗处跳到了明处，暗杀变为明杀。王阳明看着滚滚流淌的江水，他感觉世风日下，自己或许真的不能逃过此劫，于是在钱塘江畔赋诗一首，并将自己的外衣与鞋子脱到江边，纵深跳进了湍急的江水，而锦衣卫追到江边看到他的鞋帽认定他已跳江自杀才算停止了追杀。王阳明生在浙江，水性自然也不错，但是那个时候他真的也无法预料自己的生死，人或许被逼到万般无奈的境地之时，都敢于置之死地而后生，他是幸运的，被商船救起，只是那个时候他的死讯已经传到了家中，浙江的官员也跑到江边悼念他这个挺身斗虎的文弱书生。

商船顺水而下，从浙江到达福建境内，而王阳明也就开始了自己弃船走路向贵州龙场进发的日子。但是此时的王阳明早已经不再是国家六品的公务员，也不再是什么官二代，经过了锦衣卫的大牢，经过了一路锦衣卫的追杀，他早已经是衣衫褴褛，身无分文。很多人都想问，王阳明为了朝廷，落得个这下场，难道就真的没有丝毫后悔吗？当然不是，王阳明经过刘瑾的追杀险些丧命钱塘江，现在的他心中想的是做一个山外之人，从此寄情于山水之间，专心修学悟道。就在这个时候，曾经与他彻夜长谈的一位大师告诉他，他的父亲尚在朝廷为官，如果他如此做个闲云野鹤之人，刘瑾若是找个罪名将其全家处斩也不是没有可能。王阳明听后毅然再次踏上奔赴龙场的路途，他从此将这所有的艰难险阻看作圣贤道路上的种种磨炼，尽管朝廷中有“八虎”作乱，但是他却坚信自己的圣贤之路，并不因此而泄气，并不因此而气馁，而是选择了勇往直前，淡然面对龙场的再一次生死考验。

做人做事，其实外界的环境怎样并不重要，重要的是你内心之中对梦想的那份执着追求。不放弃不抛弃，才能迎来最终的胜利曙光。

第二章

每一次磨炼都能让你更强大

1. 千里马不会生在庭院里

人须在事上磨炼做功夫，乃有益。若只好静，遇事便乱，终无长进。

——《传习录》

无论做什么，人都必须在事情上多多磨炼自己才能受益。如果只是想着停留在安逸舒适的环境中，不在复杂的环境中去磨炼，那么遇到事情就会慌乱，最终不会成功。

青年时期的王阳明并不是一个安分守己的孩子，他志向高远，不受传统私塾教育的束缚，在15岁那年便突然离开，家人四处寻找，终不得踪迹。王阳明的父亲知道自己这个另类儿子喜欢玩，也就没有当作一回事。果然一个月之后，王阳明一身侠客打扮回到家中。原来当时正值明朝灭了元朝，但是蒙古的一些势力一直在北方对明朝边界进行骚扰，不仅侵犯了甘州，而且明朝领将还在对战中丧生。王阳明觉得圣人就应该保卫国家，保卫边境，不能让人民受到外敌的欺负，所以一个人索性去了边关进行考察。

居庸关是大明朝抵御北方入侵最关键的边塞，当王阳明登上巍峨的居庸关，看到连绵的长城，顿时豪情万丈，感慨万千。他对边关不仅实地进行考察，而且去了解边关的驻防情况，并跟居住在那里的少数民族少年们一起骑马射箭。当他考察结束回到家之后，便将自己考察的结果交给了父亲，并让父亲交给皇帝，当然父亲并没有采纳。但是王阳明并没有就此灰心，而是经常想尽一切办法将兵法实践，痴迷其中不能自拔。

如果说王阳明是明朝时代的另类青年，那么他的另类只是向着一个目标进发，就是做圣人。边关考察，格竹子，逃婚，另类庄园，这所有的一切都是他践行自己的知行合一。从小到大，他就是一个说到做到的人，就算是他在后来发配到贵州龙场做驿丞，面对断粮，面对瘴疠，面对野兽，面对随时都可能到来的死亡，都不曾放弃。他坦然面对死亡，淡然面对恶劣的环境，在龙场还为自己做了一副石棺，每天躺在里边，体验死亡，这自然也是另类的体验，但也是一种实践能力的表达。

对于另类，说的直白点就是特立独行。12岁立志做圣人，28岁考取功名，他从没有将自己看作是官二代，看作是富二代，也从没有将自己置身于优越的家庭环境之中。一个人考察边关，痴迷于修道研究以及佛教之中，这些都是他在实践中磨炼自己的性格、为后来创立知行合一学说在奠定基础。

就在王阳明仕途之中一路平坦、而自己的学说也迎来了诸多青年学子热捧和追随的时候，他的人生却迎来了一场变动。这场变动让他经历了生死，受尽了人生之路上的磨难。这场变动就是他在刘瑾发难朝中官员，进行疯狂报复的时候，他作为六品官员原本可以不说、不动，但是他心中怀着圣人的梦想，所以他决定在那个时刻站出来，践行自己的圣人之道。要说他对上疏皇帝要面临的结果不知道，我想那肯定是不可能的，在当时的政府之中，老臣们被迫辞职回乡，剩下的人人自危，面对刘瑾的心狠手辣，谁还敢出来说话。王阳明对自己上疏自然也知道要承担怎样的后果。但是想要做圣人，就要有正义感，就要坚持正道，并勇于担当，王阳明对此从来都没有后悔，也没有退缩，他甚至将自己的牢狱之灾，看作对生命的超越，并在诗中说："我心良匪石"，表明自己的志向，坚持走圣贤之路。

自古以来，从来都没有一匹千里马被饲养在后院之中，每日衣食无忧。王阳明就是明朝的千里马，他尽管生在官宦之家，书香门第，但是他选择的是走出家门，在生活与工作中历练自己，磨炼心智，追求自己做圣人的理想。

2. 磨炼是人生中的一座座丰碑

凡“劳其筋骨，饿其体肤，空乏其身，行拂乱其所为，动心忍性。以增益其所不能”者，皆所以致其良知也。

——《传习录》

自古至今，凡成大事者都经历了一番苦痛挣扎。人生需要磨炼，只有经历过了才能真正懂得，才能真正成长，对王阳明来说，这些也都不例外。

王阳明在弘治末年的时候，在山中修行后复出，继续走在仕途之路中。他选择做了山东乡试的主考官、兵部武选清吏司主事等职位。也就是在这期间，他开始了自己讲学收徒的生涯，弘扬自己“必为圣贤”的志向，并劝那些沉溺于辞章之中的莘莘学子，鼓舞志气学习圣贤精神，并致力于“身心之学”。

“身心之学”其实就是一门让人内心变得强大的学问，当然它也是一种以理性为自己立法的学问，这门学问可以让人们自己建立自己的生命意义，让自己的命运把握在自己的手中。王阳明12岁时立志做圣贤之人，到悟道复出已经年至三十有余。这一路走来的可以说是曲曲折折，从最初的沉溺于侠客之行，而后沉溺于骑射之中，接下来考科举之时沉溺于辞章之中，步入仕途却沉溺于神仙的修行之中以致辞官归隐，最后又一次沉溺于佛学之中。其心路历程真可谓是丰富多彩，难以尽述。

二十几年的历程，王阳明所走的圣贤之路着实属于摸石头过河，从来没有人告诉他该怎么走，该怎么学，甚至也没有人告诉他这条圣贤之路到底走到哪里才算是到了尽头，但是王阳明就是这么执着地坚持着。就如同朱熹学说中的格物之学，今天格这个，明天格那个，却不知道到底要格到何时才算是终点。想想现实生活之中那些追逐梦想的人，为了完成心中的梦想，不也是这样今天做这个，明天做那个。世界上的成功没有是一帆风顺的，也不会有人告诉你该如何走向成功，所谓的成功是经历了无数次失败之后才能获得的。

王阳明为了实现自己立下的宏伟大志，一路这样艰辛地走来，近乎将自己弄得身心疲惫。也就是这个时候他对朱熹的学说产生了怀疑，后来他弃官归隐，在洞中修道归来，才对圣贤之路有了一些非常明确的想法、做法。

成功的机会总会留给那些有准备的人，就在王阳明迷茫之际，他遇到了湛若水。说起湛若水不得不提陆九渊，陆九渊乃是心学的创始人，早在他十几岁的时候，他就开始思考宇宙与人生这样的大问题了。某一日，他在古书之中看到将宇宙解释为“四方上下曰宇，往古来今曰宙”，随即恍然大悟道：“宇宙内事，乃吾内事；吾分内事，乃宇宙分内事。”随后写下一句话：“宇宙便是我心，我心便是宇宙”。因为我的心与宇宙乃本同一，所以陆九渊提出了

“心即理”的学说。他认为，一个人就算是没有读过很多书，就算是不去格物，只要将蒙蔽本心的那些物欲清扫干净，就算是一个字也不认识，在天地之间也可以堂堂正正地做人。

陆九渊的心学对于彷徨之中的王阳明来说，简直就是久旱逢甘露，让他更加坚定了圣贤之路，也让他的心看到了光明，这为他在后来的寻梦之路上打下了基础。有人说，谁愿意自己的人生之路上会充满坎坷，如果一切都是风平浪静那不是很好吗？干吗要经历那么多的风风雨雨。但是人想要成长，不经历风雨怎么能够真正懂得呢？

磨炼对于一个人来说那是一笔永远都无法被拿走的财富，青春可以逝去，容颜可以老去，但是经历的磨炼却永远都在那里，那些磨炼就像是人生中的一座座丰碑，当你走过去了，当你站在高高的山巅，你才会发现那些磨炼在人生的路上散发着最美的光芒。王阳明在1507年的春天，被割去所有官职，踏上了山高水远的贬谪之路。一路上他逃过刘瑾的追杀，在福建行走在苍茫的大山之中，可想而知是如何的狼狈不堪。

如果说狼狈不堪是最坏的境遇，那么接下来的简直就是生死考验。王阳明奔走在山林之中，饥寒交迫，却无处投宿，好不容易看到一座寺庙，岂料那和尚竟然丝毫没有出家人的慈悲之心，毅然将他赶走。无奈之下的王阳明在黑夜之中继续赶路，好不容遇到一间残垣断壁的土地庙，于是进去之后便呼呼大睡，却哪里知道这破庙本是一只老虎的容身之所。夜半回家，老虎看到熟睡的王阳明，便开始狂吼，以示抗议，怎料熟睡之中的他硬是一动没动，无奈之下老虎摇摇尾巴让出了自己的地盘。

第二天，和尚见他毫发未损，于是请回庙中恭敬款待，也就是在这里，他与逃婚之夜的道士偶遇，自此打消了自己隐归山林的想法，随即在墙上留下一首诗："险夷原不滞胸中，何异浮云过太空！夜静海涛三万里，月明飞锡下天风。"

一个人只有在磨炼之中才能修炼自己的身心，才能淡然面对所有的事情。如果没有经过磨炼，遇到事情很难保持平静，也就不会处理好事情，更不要说有所成就了。

3. 火的洗礼——让泥巴成为陶瓷

问："静时亦觉意思好。才遇事便不同，如何？"先曰："是徒知静养，而不用克己工夫也。如此，临事便要倾倒。"

——《传习录》

每一个有所成就的人，都是经得起磨炼的人，只有身心经历过艰苦奋斗历程，才能磨炼出坚韧与毅力，才能在这平凡的世界中成就自己的不平凡。

1508年的春天，王阳明带着几个随从终于抵达了处在贵州西北部的龙场，龙场驿站被漫山的荆棘包围，在这里等着王阳明的是肆虐的瘴疠，是随处出没的野兽和毒蛇。这里与锦衣卫的诏狱比起来好不到哪里去，居住的都是少数民族，实在属于一个语言不通的荒蛮之地。就算是能遇到一两个懂汉语的人，多半也是逃犯之类的亡命之徒，而他作为龙场的驿丞却只有管理的权利，并没有居住的权利。就算是小小的龙场驿站，那么的破败不堪，那么的不堪入目，王阳明作为朝廷被贬的官员都没有资格居住在这里。

一路舟车劳顿、风尘仆仆的王阳明面对着驿站，所能选择的只能是立刻在附近找块空地搭建个草棚作为自己暂时的居所。据资料记载，王阳明搭建的草棚不过到肩膀的高度，人进去只能躬身，可想而知环境是如何恶劣。此时的王阳明其实是被政府剥夺了所有的官职，所谓驿丞，用现代话来讲也不过是个小小的招待所所长，更何况这招待所还在路少人稀的荒芜大山之中。

很多人都在想，王阳明干吗非得要到龙场这么一个穷山恶水之地，不是在钱塘江边已经被锦衣卫认定跳江自杀了吗，何必还要自讨苦吃呢。按照现代人的思维，这最多也就是一个活不见人、死不见尸的失踪案件，何况在大明朝没有便捷的通讯，没有顺畅的交通，他大可以一头扎在哪个地方做一辈子的隐士，不就可以免去这龙场之苦了吗。

古往今来，人最难割舍的就是亲情，王阳明也不例外。他深知自己的父亲依然在朝为官，如果他就此隐退，那么谁又敢保证心狠手辣的刘瑾不会找个理由去残害他的家人呢？面对刘瑾以前的种种恶性，这种可能性简直是太可能发生了。王阳明心中也明白，这龙场是他这一辈子都无法躲避的地方，他只能选择面对，无法逃避。一个人在明白自己没有选择的余地之时，勇气会瞬间增加，所谓的一些磨难，只要有勇气面对，就可以战胜。

王阳明为了更好地生存，就在驿站的附近找到一个山洞，尽管山洞之中阴暗潮湿，但是比起茅草屋要强百倍，还可以抵挡这里频繁而至的雨水。毕竟王阳明不是从小生活在这大山之中，所以他选择山洞之后却出现了一个致命的纰漏，那就是没有为山洞安装一个门。就在某一日的深夜，在他们熟睡之时，一只狗熊闯进洞中，尽管有惊无险，这也让王阳明见识到了在这深山之中想要生存下去的诸多法则。他开始打造石门，开垦土地，可以说是过起了自给自足的生活。除此之外，他还按照药书所说采集植物消除瘴气之毒，并且为了帮助仆人和自己寻找一些生活的乐子，还将自己搭建的茅草屋以及寻找到的几个山洞起了很多文雅的名字。“何陋轩”“君子亭”“玩易窝”等雅致的名字成为窝棚以及山洞的名称。如果说这些是他在内心上的自我调节，那么现实中，他还为自己的仆人用白话吟唱家乡的小曲，跳最狂热的舞蹈，来驱逐大家对家乡的思念以及面对这种残酷环境的沮丧。

在龙场驿站，王阳明第一次陷入这一生的回忆之中。他为自己打造了一副石棺，在潮湿的岩洞之中，在清冷的暗夜之中，他看到11岁的自己用毋庸置疑的口吻脱口而出："若人有眼大如天，还见山小月更阔。"在京城之中，少年的他面对状元父亲，面对一丝不苟的私塾老师说："唯有圣贤，方是天下第一等大事。"在江西的上饶，已经是青年的他坚定了自己成为圣贤的志向。21岁，作为新科举子，他面对竹子，七天七夜，结果格竹子未成功，却两眼一黑，栽在地上。那一年，身在仕途之中的他在九华山访遍奇人异士，深深地被佛道学说吸引，回到京城毅然弃官归山作了一个隐修者，而最后幡然醒悟：此并非圣人之道也。之后，他依然回到京师，有幸认识了湛若水，从而恍然大悟，并进入心学的研究之中，不可自拔……

这一幕幕就像是云彩般在王阳明的心中飘过，却又像是镜花水月般消失于无形之中。他感觉到自己每一次面对严重打击倒下去之后，再以顽强的姿势站起来之时，自己的内心其实是要比以前要强大了许多。

人或许只有被逼入绝境之中，才能体会那种柳暗花明，才能明白那种峰回路转，就像是美丽的陶瓷制品，只有泥巴经历了火的洗礼，才可以成就自己，才可以成就不平凡的一生。

4. 你要配得起所受的苦

某于良知之说，从百死千难中得来，实千古圣圣相传一点滴骨血也。

——《顺生录·年谱二》

在王阳明的心中，良知是要从千回百转的磨难之中方能得来，而古往今来的圣贤之人，乃至于伟大的成功者无一不是从千百次的磨砺之中持之以恒才最终取得胜利的。

世人在遇到艰难阻碍之时，大多数都是埋怨命运的不公平，害怕经历这些磨难，更无法面对那些阻碍，而忽略了磨难对于生活与自己成长的意义。王阳明生在官宦之家，用现代的话他就是不折不扣的官二代，但是面对两次科举的落榜，面对人生之中的种种不顺利，从来都是以一种坦然的心态去面对，在他的心中埋藏的是更为远大的理想，所以他对于这些挫折和磨难，总是不为所动，淡然接受。

在龙场，他面对自己搭建的不及肩膀高的草棚，曾经赋诗曰："草庵不及肩，旅倦体方适。"面对龙场的水土不服，面对大山之中肆虐的瘴疠，面对着随行之人的沮丧与病痛，王阳明不仅自己砍柴烧饭，打理日常琐碎，更为随行之人吟诗歌唱，鼓舞他们的精神，让他们忘掉苦痛的环境以及疾病带来的疼痛。环境是如此的艰难，却也是如此的独特。他思索如若是圣贤之人，身处这样的环境又该怎样想，怎样做?

在这样的磨难之中，他领悟到，将自己与这万物融为一体，并敞开自己的心扉，接纳这万物万事，所谓一切皆由心生。在缥缈的雾霭之中，在一副石棺之中，他安静坐在那里，细想平生及平生所经历之事，不过是镜花水月。在这绝境之中，在这无所依傍、无所希望的绝地，他想到了佛学的达摩祖师。此情此景，对于王阳明来说，是一切都归于零的状态，什么荣辱得失，什么生死，就算是死在这里，也不过是化为一小堆死灰槁木，成为这瘴气肆虐的深山之中的一抔黄土。如此想来，死又何惧；如此想来，这荒芜的边瘴之地又如何?

岩洞之中的烛光就像是时光长河之中的点点星光，不知道过了多久，不知道过了几时，王阳明的心中有一丝光亮慢慢地显露出来，那光就像是星火燎原。空山无人，水流花开，万古长风，依照风月。此一瞬间成为历史长河中的永恒，当王阳明历尽了19年的千辛万苦，历尽了生死场中的角逐，寻遍天涯海角，终于在这特殊的环境之中醒悟。

“理”就在我心中！我为何如此愚钝，天地圣贤的道路并不是存在于万事万物之中，也无需存在万物之中，天与人原本就是一体，何时可分？又何必要分？随心而动，随着而行，万法自然。这不就是圣贤之道吗！存天理，去人欲，这天理不就是人欲吗！随着一声大笑划破长空，更打碎了这夜间之中大山深处的宁静。随从看着石棺之中的王阳明，个个惊诧不已，觉得他肯定是疯了，但是只有王阳明心中明白，此生追寻的圣贤之路终于畅通无阻。

37岁的王阳明在这瘴疠与野兽横行的深山之中，早已经没有了昔日的风光，早就不是那个当年的风华少年，从小天资聪慧的他，也曾经有着非常辉煌的仕途，也曾经有着非常好的出身，当然也有着令诸多人羡慕不已的成就，可是这一切终还是离他而去。在这龙场，他住草棚，睡岩洞，开垦荒地，陪属下玩乐，硬是将这荒芜之地化为了自己的桃花源。这正如当初他来龙场之前大声吟诵的一样："天下之大，虽离家万里，何处不可往！何事不可为！"

在龙场这生死的绝境之中，王阳明不仅摆脱了对环境的依赖，更超越了生死祸福的纠缠与威胁，这让他在龙场悟道之中大大地提升了自己的境界，而对于生死的认知他也已经融入了人生的境界之中，并落实到了生命的真实体验之中。他用事实证明心与理合一，证明知行合一。在龙场的经历，对于王阳明的一生来说是一次重大的转折，当然也彻底地改变了他的心态，让他从悲愤与凄凉之中转向从容，无论他研究的心学还是生活都被赋予了一种全新的意义。

原来每一个人的心中都是圆满的，都可以自足其性，根本无须向心外去求什么。什么乱世，什么挫折，什么昏君，什么沉浮，全部都在心外，都不能对人心中的圆满与自在有所伤害。自此，王阳明随遇而安，心如平镜，就算是深处险境、绝境、逆境，都可以以一种罕见的平静而处之。后来的王阳明平叛军、战倭寇、开堂讲学，无论做什么都是内心波澜不惊，他对得起自己深处逆境和绝境之中的坚持，他所受的苦终于也功成圆满。

逆境、挫折与磨难都可以锻炼一个人的心智，都可以让一个人成熟。如果在逆境之中选择逃避，选择沉沦，那么就算是受了苦到头来也是一事无成。做人要经得起考验，要在逆境中学会坦然面对，才可以对得起人生中的那些挫折，才可以为以后的成功奠定基础。

5. 耐心其实是一种悟性

问："近来用功，亦颇觉妄念不生。但腔子里黑窣窣的，不知如何打得光明？"

先生曰："初下手用功，如何腔子里便得光明？譬如奔流浊水，才贮在缸里。初然虽定，也只是昏浊的。须俟澄定既久，自然渣滓尽去，复得清来。汝只要在良知上用功。良知存久，黑窣窣自能光明矣。今便要责效，却是助长，不成功夫。”

——《传习录》

无论修身养性，还是想要成就一番事业，一个人必须有足够的耐心才可以。人只有踏踏实实地用功，才可将内心的杂念清除干净，才能看到光明。在人生的路上，无论做什么事情，如果没有耐心，就算是很多都可以成功的事情也会办砸。

王阳明在龙场悟道之后，他看到的世界更大，更光明了起来，如今的王阳明早已经适应了龙场这块瘴疠肆虐，虎虫横行的土地。他开始自己的讲学事业，并开始与当地土著居民交往。在他刚来龙场之时，这里的老驿丞曾经告诫他的第一件事便是不能与陌生人说话，这陌生人也就是指当地的土著人，他觉得当地的土著人与他们这些中原之人原本就不是同类，这些土著族一旦发起火来，就跟魔鬼差不多，很是要命，关键是他们看上去时时刻刻都在发火，所以不能与他们有任何联系。

龙场的土著人，他们对于这位有气无力的中原人表现出了莫大的好奇。在他们的眼中，王阳明有时候非常勤奋，是一个正常之人。但是有时候他却是行为诡异之人。原来土著人看到王阳明种田、生火做饭、修造山洞实属正常，但是偶尔这个弱不禁风的中原人却像是一个神经病，要么自言自语，要么就在树林里瞎转悠，要么就是在空地之中一动不动地静坐着，觉得他实在是个怪人。并且有很长一段时间，土著人认为他比这山中的瘴疠和虎虫还要可拍；但是有时候看到王阳明在树林中与他们相遇，和蔼可亲地打招呼，又觉得他非常好。

时间久了，王阳明便连比划带说话地教给这些土著族如何耕种田地，如何种植粮食，还教他们修建房屋与水利，闲暇之余还为他们的小孩子看看手相，为妇女们把把脉，为老人们做寿衣。如此一来，当地的少数民族在王阳明的帮助下，不仅改善了居住环境，还住上了舒舒服服、像模像样的房子。在这过程中王阳明发现，这里的少数民族并不像传说中的那么笨，只要稍加指点，他们就会建造起属于自己的又美观又漂亮的新房子，而且这些房子还带着诸多的当地民族特色，煞是美丽。

不久之后，这些少数民族在当地一些人的组织之下，开始砍伐树木，挑土搬石头，在向阳方向的山坡之上修建起一所大房子。一个月之后，房子拔地而起，看上去大方漂亮。这些少数民族在建设完成之后邀请王阳明去参观。王阳明进入院落，发现整个宅院设计得非常合理，不仅有书房，还有亭院与主屋，除此之外还有花园与小路，可以说是错落别致，堪比江南的雅致园林。参观完之后，土著族人跟王阳明说这是给他专门修盖的。王阳明看着那一张张朴实的面孔，还有那一双双真诚的眼睛，被深深感动，欣然收下这份大礼，并取名为“龙岗书院”。

从此王阳明开始了他在龙场讲学的生涯，他邀请这些土著族人来听课，并且将周边那些喜欢读书的年轻人都吸引了过来，很多学生都非常喜欢听王阳明讲课，因为他讲课从来都是不拘一格，有时候会在户外，有时候会在空旷的山谷之中。他讲述的课程不仅有孔子周游列国的辛苦，更有孟子的果敢，庄子的洒脱以及荀子的睿智，除了这些，他还将自己的追寻的“圣人之道，吾性自足”讲给大家听，告诉大家所有的人都能成为圣人，做人不可以自我贬低，自我否定。做事，做人都需要耐心，方可修行好身心，成就好事业。他还告诉学生们，富贵犹如尘沙，浮名如同飞絮。

在偏僻的龙场，在瘴疠与虎虫横行的大山之中，王阳明在附近妇孺皆知，而到龙岗书院前来求学的人们更是络绎不绝。佛家说境随心转，王阳明说心外无物。其实环境如何并不重要，重要的是一个人的坚持与耐心，王阳明凭借自己的耐心与对梦想的坚持，将龙场打造成为附近的人文中心。

耐心能使一个人平静，耐心不会遇事急躁，烦恼，耐心能保持活力，能让一个人拥有平静如水的心境，做任何事情越是心急火燎越是不能完成好，越是心平气和就越是能把事情做完美，所以耐心更是一种悟性，凡事欲速而不达，只有拥有了耐心，才能以最好的心态去创造生活的奇迹。

6. 扛得住压迫，耐得住落魄

圣人之道，吾性自足，向之求理于事物者误也。

——《教条示龙场诸生》

很多的人在成就一番事业之前都苦于遇不到伯乐。如果一个人因为一时不被赏识而变得烦躁不安，那么就很可能在追求成功的道路上前功尽弃。人生之中，有时候是人无意之间掩盖了自己的才华，而有时候是由于他人的原因埋没了自己的能力，在逆境之中能够耐心等待，在寂寞之中能养精蓄锐，在磨难之中能扛得住压迫，享受到那份特别的寂寞，那么整个人生将会受益匪浅，最终也将会成功。

王阳明上疏皇帝而得罪宦官刘瑾，可以说这是他人生旅途中真正第一次遭遇到的打击和压迫，刘瑾在明朝被人称为八虎之首，可想而知为人多么的狡猾、狠毒。在明朝以前执行廷杖，受刑罚之人不仅可以多穿衣服，而且屁股上还可以垫上厚厚的棉絮，但是刘瑾不仅将这些废弃，还命人将王阳明的衣服扒掉，裸露着屁股挨打，这可以说是对人的一种人格侮辱。面对如此的迫害，面对如此侮辱，王阳明在锦衣卫的诏狱之中醒来发现破烂不堪的房顶倾泻而下的一束月光，他庆幸自己还活着，他要做圣人，更坚定自己寻求圣贤的道路，所以他将这世间最凄惨的诏狱看作修行的天堂，不仅在狱中为狱友讲学，还为大家讲圣贤之路，鼓舞大家，不放弃，不抛弃。

扛得住压迫就能迎来生机，终于王阳明出狱了，但是他的官职却被彻底革去了，紧接着朝廷将他贬到龙场做一个小小的驿丞。虽有刘瑾的一路追杀和恶劣环境对人的痛苦磨炼，但是王阳明在龙场依然体会到了另一种人生的璀璨。面对史无前例的恶劣环境，面对着困苦与寂寞，他又一次选择了坚强。他在龙场的石棺之中想到许多的圣贤之人，但是很可惜没有一个圣贤之人像他这样成为一个倒霉蛋，没有前人的例子可循，他就用自己的方法从困境、压迫、寂寞与落魄之中解脱出来。为了生存，为了寻求圣贤之路，为了找到光明，他主动去了解周边少数民族的生活习惯以及民俗文化，他迈过语言不通的难题，迈过与少数民族之间的隔阂，用自己的热情与真心赢得少数民族的信任。

久而久之，王阳明在龙场与当地的少数民族相处得相当好，他用自己所了解的知识去帮助少数民族，他的热情终于感动了彝族首领安贵荣。这位彝族的首领非常赏识王阳明的精神以及学识，当他知道这位身处边瘴之地的大学者正生活在水深火热之中时，便开始主动照顾他的生活，照顾他的一切，并为他讲述一些民族的文化历史，这让王阳明在那些艰难困苦的日子之中仿佛获得了千金不换的宝贝。

王阳明在这些民风民俗以及文化之中找到了快乐，并激发了自己传道悟道的热情和决心，他开始在龙场讲学，讲心外无物。一个人只有亲身经历寂寞、压迫与落魄之后，才能体悟到人生的真谛。王阳明在艰难的环境之中明白了一个非常深刻的道理：在寂寞之中，人不能自我颓废，不能自我萎靡；越是寂寞的时候，就越是要让自己的心灵坚强起来，只有接受当下的环境，只有在当下这宁静的环境之中，才可以让自己的心灵纯净的不沾惹一点点尘埃。

往事历历在目，刘瑾的侮辱与压迫，被贬龙场的寂寞与落魄，这些不过都是心外之物，如果心灵归于沉静，这些荣辱得失又怎么能伤害到自己的心灵。自此，王阳明的心灵归于沉寂，一切皆归于零，那些生活之中的杂念也逐渐消失，终于悟得人生真理，从此龙场悟道被世人称颂，他的心学也成为五百年难遇的学术，而他最终也成为历史之中的圣贤之人。

随着王阳明讲学的影响力不断扩张，他再次招惹到了麻烦。贵州巡抚王质觉得王阳明流放至龙场应该对自己有所表示，可王阳明却忙得将此事疏忽，王质觉得尊严受到了挑战，便命人到龙场砸场子，结果遭到土著居民的暴打。可以说王阳明在这边陲深山之中又一次将要面临官员的压迫，但是他回信王质却说，居民不会无缘无故打人，既然是流氓先动手，我又为何要道歉，而且就算是王质派来的，也与他没有关系，自己在龙场一日三死，也没什么可怕的；尽管自己是一个流放的官员，但是也应该得到尊重才是。

人人都有尊严，不可侵犯，这就是王阳明心学的灵魂所在。王质收到信后大为震惊。经过毛应奎从中周旋，王质从此不再找王阳明麻烦。毛应奎通过与王阳明的会面，被他的人格魅力所折服，从此他们成为好朋友。

身处逆境，只有经得住压迫，耐得住落寞，忍得住寂寞，方可成为人上人，方可做成一番事业。

7. 走出逆境的奥秘

虚灵不昧，众理具而万事出。心外无理，心外无事。

——《传习录》

王阳明认为，一个人只有在非常安宁、专一与虚静之时，心灵的高度才可以达到一种高度宁静的状态。也只有在这种状态之下，在许多领域之中才可以取得具有创造性的发现，才可以让自己忘记时空，忘记时间，忘记自我，从而摆脱外界的环境，更好地从逆境之中走出来。

1490年，王阳明的龙岗书院迎来了一位官员，就是时任贵州户部的员外郎，此人职务按照现代来讲也就是相当于贵州省的教育厅副厅长级别。早在王阳明在京城为官之时，这位席书大人就已经听说过他，而今被流放至此，不但没有被龙场的恶劣环境所吓倒，反而建立书院开始了讲学，席书便专程从贵阳赶到龙场驿站会见王阳明。

见面之后，席书向王阳明提出了一个非常尖锐的问题，那就是朱熹和陆九渊的学术，哪一个更值得学习？这个问题是一个非常难以回答的问题，大家都知道在大明朝都非常崇拜朱熹，但是王阳明却是陆九渊的继承者，这样的问题摆在他面前，无论如何回答都不是最好的选择。但是王阳明就是王阳明，他向来就有过人之处。

“圣人之道，吾性自足，不假外求。”他看着席书非常平静地说出了这句话，其实这句话正是他在石棺之中悟道之时喊出的那句话。席书听后简直惊呆了，他不明白，难道圣人还可以自学成才，如果真的是那样，那么所有的人不都可以成为圣人了吗？但是经过几次交谈之后，席书终于明白了王阳明此句话的真正含义，于是当即决定聘请王阳明为贵阳书院的总教席。在历史中，有人将这次事件称为贵州教育历史中的一次改革，一次进步，但是这对于王阳明来说却是人生之中向前迈出的一大步。

走出龙场驿站，走出那个瘴疠与虎虫横行的大山，王阳明靠的就是自己对梦想的执着追求。在龙场的石棺之中，他早就将生死看得很淡；面对瘴疠，面对毒虫，面对虎豹，面对人们传说的魑魅魍魉，他在山洞之中泰然处之。在这里他早已经将环境忘却，早已经将自己忘却，早已经将时间忘却，他将这里看作生命中的桃花源，看作圣贤之路上的最佳修行场所，荣辱得失，生生死死，在这里他看得透彻，看得分明。如今他面对着自己第一批心学的弟子，他愿意将自己一腔热血奉献给自己的学生。

知行合一，在这里王阳明开始正式讲自己的心学的核心内容。他认为圣贤之路只有一个功夫，那就是知和行不能分为两件事来看。他强调知行必须统一，对一些事情的思考和了解，只有想明白了才能开始行动，而行便是将那思考明白的、了解清楚的内容付诸实践，也只有这样才能有所成就。在知行合一之中，王阳明指出，圣贤之学就是身心之学，其要领就在于体悟并实行，如果只是将这些当作纯粹的知识去学习，而不去实践，那么也只是在口中耳中流传罢了。

想想王阳明这一路走来的心路历程，学朱熹的格物致知，就去格竹子。去迎娶新娘，遇到道士便逃婚学习养生之术。结婚后觉得自己的书法不过关，便开始练习书法。在九华山访得奇人异士便辞官去山中修行悟道。得罪刘瑾在诏狱之中，依然奉行圣贤之路，为狱友讲学。在九死一生的龙场更是亲身体验生死。这所有的一切其实本就是知行合一最好的体现。

王阳明一路走过来的坎坷和逆境相当之多，尽管他从小天资聪慧，尽管他是官二代，但是上天并没有因为这些而对他有丝毫的怜悯，相反他却经历了很少有人走过的绝境。但是在他看来，身心的主宰是心，心中所发便是意，意的本体就是知，而意的所在便是物。也就是说，心乃万物与身体的主宰，只有心灵安定下来了，才不会因外物而动，而本身所具备的无穷智慧才可以显露出来。

人只有让内心保持安静，才可以坦然地接受那些逆境，接受那些艰难与困苦，才可以在恶劣的环境之中淡然自处。

第三章

克制自我才能超越自我

1. 一点忍耐，一点克制，一点征服

凡人言语正到快意时便截然能忍默得，意气正到发扬时便翕然能收敛得，愤怒嗜欲正到胜沸时便廓然能消化得，此非天下之大勇者不能也。

——《传习录》

忍耐、克制与坚持是痛苦的，但是它却可以慢慢带给你幸福。

王阳明认为，一个人如果在高谈阔论的时候能够突然安静下来，能够在自己最风光的时候收敛自己，可以在非常生气和恼怒的时候控制住自己的怒火，用一种心平气和的方式去处理眼下的问题，那么这个人就具备了智慧与忍耐力，必定也是一个心灵强大的人。

公元1519年，宁王朱宸濠率领9万大兵谋反，此时的王阳明正向福建出发处理军务，当他走到丰城的时候，丰城县令告诉他，宁王在南昌已经起兵谋反。从辈分上讲，朱宸濠是朱厚照的爷爷，在朱厚照刚刚登基之后，朱宸濠就起了谋反之心，只是当

时时机不够成熟。原因就在于朱宸濠没有自己的部队，想要进北京打到皇帝根本不可能，所以他想尽一切办法与刘瑾搞好关系。之后刘瑾擅自恢复了宁王府的护卫。但是随着刘瑾被杀，宁王的护卫也就跟着再次被革去。

宁王朱宸濠为了保住自己的护卫，跑到北京贿赂官员，从而再次获得了自己护卫的权利。从此他公开打造武器，日夜不停，同时拉拢文人做自己的智囊团。经过多年的苦心经营，他的势力逐渐扩大，谋反的意图可以说已经是昭然若揭了，如果说朝廷不知道，那当然也是不可能的。身在江西的诸多官员早已经上疏皇帝讲明宁王的谋反意图，但是皇帝从来都没有重视过，相反宁王投其所好，每年为皇帝献各种花样的宫灯，结果乾清宫被宫灯烧得一干二净，但是朱厚照看到之后却哈哈大笑，这也让朱宸濠坚定了自己谋反的决心。

宁王朱宸濠生日的那天，江西的所有官员在场，朱宸濠听到了朝廷再次革去他护卫的圣旨，遂与智囊团商量之后，立刻起兵谋反。到了六月十四日，当地官员来到宁王府答谢宁王，结果被朱宸濠一举拿下，然后称自己得到太厚的懿旨要打到北京代替皇帝朱厚照。随即朱宸濠向天下发出征讨朱厚照的檄文。

朱宸濠起兵十万攻下九江与南康，此时的王阳明立刻前往赣州，因为他知道宁王起兵只能在赣州。对于吉安的伍文定，王阳明非常了解，是与他共同作战之人，但是当他上船想去那里的时候，却发现船根本就走不动，因为南风太急，而赣江要向北，南风属于逆吹，而朱宸濠此时已经知道王阳明的动向，所以派兵来追。王阳明此时跑到船中向上苍祷告，如果上天眷顾天下苍生，就让风向改为北风，说来也奇怪，等他祷告完了，风向果然变了。但是此时的船还是不能开，因为船工害怕追兵，王阳明没有办法，只好拔剑将船工的耳朵割下，尽管如此，船走的还是很慢，根本无法摆脱追兵。

就在这万分紧急的关头，王阳明心生一计，与自己的谋士雷济一同跳上小渔船走掉了。但是在上渔船的时候，他又担心还在大船上的夫人与儿子，然而此时要想摆脱朱宸濠，必须马上离开。情急之下，王阳明的夫人拔剑在手，逼迫王阳明离开。等追兵赶到，发现船上根本就没有王阳明。王阳明早已经判断出朱宸濠的起义动机。他分析，此时的朱宸濠会直接去北京，因为北京没有准备好，很可能得逞。如果去攻南京，就可以与北京割据，从此江南受他控制。现在最主要的就是宁王在南昌受到阻击，不让他走出江西，但是自己无兵无卒又怎样抵挡这十万大军呢？

面对这种情况王阳明想到了反间计，他立刻提笔以提督名义写下密信，说朝廷已经下了密令，要带领四十万人马前往江西，宁王的谋反之心朝廷早就知晓，所以来江西就是为了接应其他官兵。写好信之后，王阳明找到几个“演员”，故意将信封到其衣服之中，故意让宁王的谋士李士实家人看到，结果朱宸濠抓去演员，发现密信之后，心中开始七上八下，迟疑几天，就没有立刻去攻打南京。王阳明达到吉安之后，立刻将谋反之事上报朝廷，并向各省发出公文，让他们集结军队来江西捉拿宁王。王阳明还以自己的名义对各个府县说，各省已经集结部队向南昌进发，而他自己也率领先锋部队两万人到达吉安。同时他还写了很多信说，如果朱宸濠不出南昌，就占尽了天时地利人和，各路军队要等待他出了南昌对他进行包围，消灭。紧接着着他又散布第三条消息，要等宁王的主力人员出了南昌再打伏击，并且这些主力都有跟自己通信，还假装给那些主力回信，夸奖他们的忠诚。不仅如此，王阳明还发出诸多公开的招降公文，放在宁王的必经之路上，让他的士兵们看到。

当然他的目的是让朱宸濠留在南昌，而这些虚假的信息和情报自然也引起了朱宸濠的怀疑，起到了缓兵之计的作用，这为王阳明调动军队赢得了时间。

忍耐与亲情的别离，克制面对强敌的恐惧，征服十万叛军，王阳明就是这样凭一己之力打破了宁王的谋反计划。

2. 直面自己最难面对的一面

圣人只是顺其良知之发用，天地万物俱在我良知的发用流行中，何尝又有一物起于良知之外能作得障碍？

——《传习录》

所谓障碍不过是在我们心中，人生中那些难以面对的一面总是相对的，只有你超越了障碍，只有你直面那难以面对的一面，才可以超越自己，等到回过头来再看之时，一切都已经没什么了，只是在当时因为自己的怯懦没有看透那一点罢了。

1519年，王阳明独自一人，身边没有任何兵马，想尽办法与宁王朱宸濠周旋。他利用一系列的反间之计让宁王心中产生疑虑，不敢贸然进军南京，不战而屈人之兵，王阳明将这反间之计运用得恰到好处，为调兵遣将赢得了宝贵的时间。朱宸濠自此不敢轻易北上，换做攻打安庆，但是就是如此，朝廷的军队仍然是没有半点的抵抗能力。面对强敌，王阳明又该何去何从呢？

缓兵之计尽管起到了作用，但是朱宸濠的派出去的探子也不是吃干饭的，到了七月初二，朱宸濠得到回报，沿途并没有发现任何官兵的行动，朱宸濠才幡然醒悟自己是上了王阳明的当，于是不再理会这些，立刻将一万多兵马留在南昌，带着九万兵马进攻安庆。对此行动，王阳明再清楚不过了，朱宸濠意图沿着长江东下，最终攻打南京。但是王阳明手中根本没有兵将，而且向邻省求援兵的文书也没有反应，打？要怎么打？正所谓巧媳妇难为无米之炊，王阳明万分焦急的情况下，再次以自己四省提督军务的身份，分别向广东、福建等地请求援兵，希望大家可以同仇敌忾。

王阳明除了向周边省市求援，还要求各个府县立刻集结兵力，然后在七月十五日与伍文定一起向樟树进发。到了七月十八日，王阳明终于集结了三万人马，说是三万人马其实也就是各个府县的民兵罢了，比起正规军队，也就是一群乌合之众。朱宸濠带兵已经将安庆围困，尽管遭到强烈的阻击，没有攻下城池，但是如何为安庆解围已经成为了王阳明面临的首要难题。

很多的官员面对这样的情形，主张率领部队夹击朱宸濠。但是王阳明经过分析后认为，想要围攻安庆的敌军，就必须要越过南康，而此时的南康早已经在宁王的管辖之中了，如果攻打安庆的敌军，那么必然会遭到朱宸濠的后围，遭两面夹击，那么也就意味着自己的军队将陷入围困之中。

三万乌合之众如何能抵挡宁王九万正规军队，这是王阳明必须要面对的现实，经过思虑他决定攻打南昌，并做好了工程部署。这三万多民兵在王阳明的带领下兵分十路，发现伏兵，就地清除。经过几次战役之后，他们终于到达了目的地，在城中王阳明给各种人发布公告称，宁王谋反，自己已经率军二十万攻城，大家不必惊慌。等到宁王破城的时候，希望将城门大开，管好自己的府库，投诚却不必逃跑。然后对宁王的叛军说，破城之时要放下武器不抵抗，反攻就会有奖，顽抗的就格杀勿论。而对于部分留守的官员，则奉劝认清形势，否则一样杀无赦。

王阳明的这些告示可以起说起到了至关重要的作用，等到了七月十九日率军到达市汊，挥军攻城之时，他规定，第一次击鼓附城，第二次击鼓登城，第三次击鼓不克杀敌，第四次击鼓不克斩将。发布完军令之后，十三路大军一起发起总攻，最终攻破城池。一战告捷，这对于朱宸濠军队的战斗意志起到了削弱的重要作用。王阳明进入城中，宁王府已经被烧，而大火蔓延危及到民房，他便对死去的人全部按照当地的丧葬礼仪进行安葬。

朱宸濠攻打安庆不下数日，却始终攻城不下，等到十八日他得到密报说王阳明已经屯兵丰城，随即心急，便与心腹军师商量对策。军师提出不能理会南昌，要继续攻打南京，但是朱宸濠不同意，结果双方意见发生分歧。因为当初王阳明使用了反间计，朱宸濠心中依然存疑，根本无法证实那密信的真假，所以率军支援南昌。朱宸濠领兵六万返回南昌，对于王阳明来说，这么多的军队回援，他又将面临非常重要的难题，面对这六万大军，他又将如何应对。

孤身斗宁王，简直就是鸡蛋碰石头的战役。王阳明集结的三万民兵虽然要面对宁王十万王牌军队，但是他没有惊慌失措，也没有恐惧，他冷静淡然自处，对宁王朱宸濠的每一步行动都做出非常细致的分析，然后利用各种军事手段对其进行打压，进行绝地反击，依靠智慧，依靠成熟的军事思想，创造出战争历史中的奇迹，最终依靠自己的军事智慧赢得了这场以少胜多的战役。绝境之中把控自己，忍耐自己，等待机会来临，顺势再进行反攻，就可以获得全胜。

人只有在最关键的时刻，去直面自己最难以面对的难题，用智慧去超越障碍，才可以迈过那最艰难的一关，才可以超越自己，成就自己，成就未来。

3. 弱点与缺陷不是一回事儿

人须有为己之心，方能克己；能克己，方能成己。

——《传习录》

一个人若想取得一番成就，实现心中的梦想，就必须下决心克服自己身上的那些弱点和缺点，尽量弥补缺陷，修炼自己的心灵，完善自己的人格，才能成就人生的理想和事业。

王阳明所说的“为己之心”当然不是大家普遍认为的那种“自私自利，为自己着想”的思想。他认为，人往往还有另外的一个我，深深地藏在心中，不为人知，那才是真实的自己。人只有真正地为这个“真实的自我”去着想，为心中远大的理想考虑，才能有勇气、有恒心克服自己的种种弱点，弥补身上的缺陷，成就大业。

1472年10月31日，王阳明在浙江余姚出生。和大多数的大人物一样，他的出生也带着许多的传奇色彩。据说，就在王阳明出生的那晚，他的奶奶在夜间做了一个非常美妙的梦，梦中有一位美丽的仙子，驾着祥云，披着五彩霞衣，伴着美妙的仙乐，将一位小婴儿送到了她的怀中。就在她伸手接过婴儿的那一刹那，却不料一声真实的婴儿的啼哭之声将她惊醒，就在她的隔壁房中，她的儿媳妇终于将怀孕14个月的小孙子生了下来。从此他的爷爷为他取名王云，而他降生的那座楼阁就叫作瑞云楼。

小王云长得十分可爱，是爷爷奶奶的掌上明珠，但是这个小王云到了五岁仍然不会说话，不禁叫家人甚是担心，很多人都怀疑这孩子是先天的聋哑人。可是平常的他反应却非常灵敏聪明，爷爷在书房读书，他也会安静地陪在一旁，认真地听着。有一天一位僧人恰巧路过，看到了在门口玩耍的王云，禁不住用手抚摸着他的头叹着气说："多好的孩子啊，只是被点破喽！"这句话正好被王云的爷爷王伦听到，他心中一惊，立刻为王云改名为王守仁，希望他可以守住上天赐予的智慧，以一颗仁心，将爱散遍天下。

说来奇怪，自从这孩子改了名字之后，他便开口说话了，还可以将爷爷诵读的诗书背诵出来，有人问他是怎么背诵的，他说尽管自己不会说，但是爷爷每次读书的时候他都暗暗记在了心里。这可让爷爷奶奶高兴坏了，对他更是关爱有加。就在王阳明10岁的时候，他的父亲高中状元，在京城为官。第二年，爷爷便带着王阳明从家乡出发去往京城居住。

到了12岁的那年，王阳明的父亲开始正式将他送进书馆，接受儒家经典教育，但是那个时候的王阳明可以说是一个特别淘气的孩子。他性格特立独行，豪放不羁，从来都不会像其他孩子那样循规蹈矩，安安分分地听从老师的吩咐。上课的时候，他会翘课，然后跑到街上与一群小孩子玩打仗的游戏。除此之外，他还喜欢跟同学们打打闹闹，开个玩笑，在大家的眼中，这个状元的儿子是一个不折不扣的没正经的小孩子。

史书中记载，少年王阳明比较"善谑"，所谓"善谑"其实就是说他爱开玩笑，喜欢讲笑话，说话做事没个正经。所谓"豪放不羁"说的直白点也就是说少年王阳明不受拘束，不守规矩，做什么事情总是出人意料。就是这样的一个顽皮少年，在一次书馆之中他问老师："什么才是人生的第一大事？"老师听了之后就回答道："当然要好好读书，将来像你父亲那样做状元。"王阳明听了老师的话想了想，有点怀疑地说："我不觉得考状元是人生的头等大事。"老师听后问道："你觉得什么才是人生头等大事？"王阳明认真地回答说："读书做圣贤，才算是人生的头等大事。"说这些话的时候，正好被王阳明的父亲听到，他笑着说："你看看你那德性，还想做圣贤呢？"

16岁的时候，王阳明开始攻读朱熹等人的著作，因为这些作品都是当时大明朝科考的内容。他对一位姓钱的朋友说，格物致知，穷理就能成为圣贤之人，所以他们要格物，要对子竹子格，看看能格出什么道理来。就这样那位姓钱的同学对着竹子三天三夜不眠不休，结果大病一场。王阳明一看就说，你这身体太弱了，让我来吧，于是他一天到晚都对着竹子，就这样过了七天七夜，也终于支撑不住，眼前一黑栽倒在地，大病一场。就是因为这样，王阳明的身体变得非常柔弱，还经常咯血，成为他身体上的一大缺陷。

17岁的时候，王阳明的父亲为了让他过得正常一些，决定让他去江西南昌迎娶自己的妻子，等他到了南昌见到岳父择日完婚的时候，大家发现王阳明找不到了。原来王阳明一个人出去逛街发现了一个叫铁柱宫的道观，他走进去被一位打坐的老道所吸引，于是与这老道畅谈了一夜的养生之道。

弱点和缺陷都不可怕，只要修养身心，克服弱点，弥补身体缺陷，每个人都会成就一番不平凡的事业。

4. 情绪是你的仆人，别被它左右

古人为治，先养得人心和平，然后作乐。

——《传习录》

人生不如意十有八九。王阳明觉得，能够容忍他人的侮辱、冒犯，能够坦然接受失败和挫折，这样的人都是有担当的人，这样的人能在紧急的事情面前调整心态，做好事情。

35岁的王阳明在官场中得罪了宦官刘瑾，而被廷杖四十，之后流放到贵州龙场做驿丞。在龙场的经历对于王阳明来说，是他一生当中经历的最大的一次磨难，是他生命中的一道生死大关，或许但凡成就一番大业的人都要经历上天的考验，也或许人只有经历生死考验才能将内心所有的能量激发出来，总之危难之中的王阳明迈得过这一关，老天就会将天下重任交付于他。

翻过千重山，越过万重岭，风餐露宿，忍饥挨饿，饱受筋骨疲惫，躲过明枪暗箭，王阳明终于到达了流放之地——贵州龙场。尽管所有的人都对龙场这个边远的深山老林做好了吃得苦中苦的准备，但是真正到达的时候，还是被这里所有的一切吓到了，所有人看着荒无人烟的穷山恶水心顿时变得哇凉哇凉的。没办法，既然来了，赶紧找驿站吧，因为要解决食宿，他们心中将唯一的希望寄托在驿站之中，等他们满怀着希望找到所谓的驿站之时，彻底傻眼了。

眼前的驿站已经不能用破败不堪来形容了，茅草屋顶被风刮得没剩下多少，墙壁也早就倒了一面，里面的床铺破烂不堪，而且生出了很多长毛，就算是这样他们也不能住在这里，因为大明朝规定，所有流放的官员是没有资格住在驿站的。至于吃的，就更不用想了，如此艰苦的环境，如此的驿站，是所有人都没有想到的，大家都累得一个个瘫坐在地上，心中有着说不出的悲凉。要知道他们原本生活在京城，原本过着衣食无忧的生活，哪里见过这样的穷山恶水，哪里见识过如此的居住环境。

王阳明静静地站着，看着眼前那崎岖的山路，心中也有着说不出的一番滋味，但是这人生不就是像这山路一样吗，爬上去，走过去了，才能站在顶峰，既来之则安之吧。不是要做圣人吗，这么一点点艰难都不能扛过去，如何做圣人。想到这里，王阳明最初的彷徨消失不见，取而代之的是一股豪情壮志在胸中汹涌。“心外无物”这外界的环境又如何能束缚自己呢？弘扬心学，担当重任，就必须要克服这穷山恶水。为了有个安身之所，为了能够生存下去，王阳明带头砍树割草，开始搭建茅草屋。说来也奇怪，尽管大家都累得要命，但是在王阳明的带领下，大家不分尊卑，都一起动起了手，刚刚那苦不堪言、落魄的没有半点力气的样子一点都不见了。

一个人只有在最艰难的时刻，潜能才能被激发出来。王阳明惊奇地发现，所有的人在搭建茅草屋的时候，在面对困难的时候，精神状态都不知不觉地比原来好了起来，仿佛力气也恢复了好多，而且每个人的身上好像都有一股神秘的力量被激发了出来。尽管所有的随从都不曾留意，但是王阳明却发现这一奇怪的现象。他想是什么力量让他们在这种疲惫不堪的情况下，再次恢复了精神和活力呢？

王阳明一边干活一边思索着，他想到了孟子的那句话：“生于忧患，死于安乐。”这一句话一遍遍地在他心中出现，他的心猛然一动，突然明白这一股神秘的力量就是当前这困境所逼出来的。这世界上所有的人大概都是这样，只有在面临不可避免的艰难和挑战之时，才能全身心投入，内心的力量才会被激发出来，才会唤醒深藏在心中那强大的意志力。当然，如果一个人不能正面去面对所面临的困境，只是一味地在悲苦与失落之中徘徊，那么就算是有潜能也不会被激发出来。

经过了一番辛苦的劳作，茅草屋终于搭建好了，尽管这屋子矮小，但是一行人总算有了一个容身之所，所有人都很欣慰，这也让王阳明明白了一个道理：人的本性只要不受到那些私欲的束缚，只要知行合一，就没有克服不了的困难，就没有摆脱不了的情绪。

当一个人生活在平庸之中，当一个人每天都觉得无所事事，每天都处在萎靡不振的时候，其实就是这个人在生活和工作之中没有一点挑战和压力。试想一下，如果王阳明一直在京城，一直在仕途之中一帆风顺，或许就没有后来的王阳明，就没有伟大的知行合一的心学理念，而我们中国的历史之中也不会有这样一位五百年难遇的圣贤之人。

想要成就一番事业，就要做到对自我的控制，就要有一种自律的精神，坦然面对生活中的那些不如意，不让负面情绪影响自己，修身养性，在生活和工作中发挥自己的作用。

5. 做减法，摆脱内心的桎梏

人生达命自洒落。

——《啾啾吟》

人只有在事情上方可磨炼自己的心性，才能摆脱掉内心的那些羁绊，才能在面对各种困难，淡然自处。

王阳明出生在书香门第，从小就饱读诗书，在贵州龙场他想到《中庸》的一句话：君子素其位而行，不愿乎其外。素富贵，行乎富贵；素贫贱，行乎贫贱；素夷狄，行乎夷狄；素患难，行乎患难。君子无入而不自得焉。古人那种随遇而安的洒脱是王阳明非常向往的，只是他永远都没有想到，老天爷竟然跟他开个这么一个大大的玩笑，让他在京城享受了三年锦衣玉食的生活之后，来到龙场这个真正的夷狄之地，历尽千辛万苦与磨难，亲身体验此生难以忘记的这种人生境界。

到了龙场，那个昔日被学生崇拜的王大人已经被剥夺了一切官职。在这里，他除了一颗虔诚的学习圣贤的心以及立志弘道的决心之外，再也没有什么可以依靠了。理想和信念永远都有着难以想象的力量，人有了这样的一颗心就足够了。王阳明面对恶劣的生存环境，一直想古圣贤之人那种“无入而不自得”的心境究竟是如何练就的，而这种随遇而安的洒脱也成了此时他生命之中的追求。

生存环境尽管恶劣到无法想象，但是人已经来了，就必须面对，就算是想逃都无处可逃了，与其挣扎，与其陷入悲苦，不如将心放下，坦然接受这些，用淡然的心态去应对。自此，王阳明摒弃掉了那些不切实际的幻想，用自己的行动开始了对这种艰难困苦的探索之旅。没有房子，那就住茅草屋，住山洞。没有蔬菜和粮食，那就自己开荒种地，自力更生。如果真的没米下锅，那就去树林里找野果子，挖野菜充饥。总之，他用自己的努力，去体验着前人所记录的那种境界。

随从生病了，王阳明就将所有家务统统包揽下来，烧水，做饭，砍柴，提水，对随从无微不至地照顾。以前那个风生水起的王大人在龙场变为了仆人的保姆。客居荒芜之地，随从们缺衣少食，而且要忍受着思乡的痛苦，心情自然会变得异常郁闷，病体更是难以康复。这种情况下，王阳明不仅担当保姆，更让自己扮演了一个逗乐的演员。他演小品，唱民歌，讲故事，想尽一切办法逗所有人开心。儒家说，培养人才的最高境界，那就是“不器”。

所谓“不器”，其实就是不拘一格造人才。儒家认为，人只要打通了通往心灵的那一个关节，无论在什么环境之中，做什么事情，都可以适应，都可以将事情做好。往昔的王阳明熟读兵法，既可以骑马打仗，百步穿杨，又可以拿笔写文章，而书法更是运用自如，可以说是文武全才。而在这龙场的荒芜之地，他扛起锄头就能种菜，进的厨房就能烧菜做饭，什么演员，什么音乐，这一切对他来讲都是小菜一碟了。

儒家说理想的人才应该是全才，那王阳明先生因为机缘巧合，在龙场这艰苦的环境中，终于达到了这样一个高的境界。但是古往今来圣贤也都是肉身凡胎，王阳明整日在这些琐碎之中忙碌，也会有感叹命运不公平的时候，也有想发无明之火的时候。他想到自己为了朝廷，一篇上疏竟然让自己落得如此田地，受尽这非人的折磨，天理又何在?

王阳明在这种想不通理还乱的情况之下，便问自己一个问题：“如果是圣人在这种艰苦的环境之中，又该有什么样的想法，又该如何去做？”通过这样的思索，他终于领悟到了一个可以迅速改变心境的好办法，那就是古人所说的“以心印心”的智慧。这种智慧其实就是利用人内心中的主观能动性，将积极的正能量传送到心中，做一种减法运动，让心中的那些畏惧、愤恨等负面因素消失在九霄云外，从而改变心境，脱胎换骨。

俗话说，榜样的力量是无穷的。王阳明在龙场艰苦的环境之中，亲身体验圣人那种内心的境界和在痛苦之中的信念。他发现改变心境就在自己的一念之间，如果能让自己的心安静下来，去细想榜样人物在某种境界下的那种执着的心境和乐观的心态，从而去模仿榜样们的做法和信念，在与环境对抗之中，就可以不知不觉地获得与圣贤之人相同的信念和处世方法。

孟子说，先立乎其大者，则其小者不能夺也。意思就是心中有了远大的目标，而那些次要的事情以及环境就不能打动自己坚定的那颗心。流放在荒芜之地，王阳明的心中也有落魄、无奈的诸多烦扰，但是他无时无刻都将自己成为圣人的志向放在心中，他将这恶劣的环境看作圣贤之路上的一种修炼，让自己突破内心的那层厚茧，成为人们心中的圣人。

人生的路上，有时候要做减法运算，学会接受现实，放弃对世界对世人的抱怨，让自己的内心真正平息下来，用一种积极、冷静和乐观的心态去面对所遇到的一切，摆脱心中的枷锁，成就自己，超越自己。

6. 逆来顺受不是怂

诸君只要常常怀个“遁世无闷，不见是而无闷”之心，依此良知忍耐做去，不管人非笑，不管人毁谤，不管人荣辱，任他功夫有进有退，我只是这致良知的主宰不息，久久自然有得力处。一切外事亦自能不动。

——《传习录》

所谓君子做的学问，都是为了修养身心。一个人身处逆境或者是遇到不如意的事情，选择随遇而安、淡然接受，是人生的大智慧。

居住在龙场，每天面对的除了猛兽毒虫，还有瘴疠的侵害，王阳明此时认为自己已经对于荣辱得失能够做到超脱了，但是心中久久不能清除的还有生死一念。就在这个时候，有人传言说刘瑾对于流放此地的王阳明仍然十分不满，路上的追杀既然没有成功，现在也少不了加害之意。王阳明听说之后，在山洞中命人为自己打造一个石椁，并说："从此我就在这里等死，至于其他的还用考虑什么呢？"

王阳明向来就是一个说到做到的人物，自从石椁打造好之后，只要没什么事情，他就会日夜静坐在石椁之中，安心修养心性，澄心静虑，在一种非常专注、非常清静的境界之中寻找生命和人生的真谛。有人说他何必如此执着，身处边远的深山之中，待遇又不好，以前就有很多到这里的官差私自溜走，从此找不到下落，他大可以学习这些前辈，与其留下来逆来顺受，不如溜之大吉，或者隐居山野，在大明朝那种信息尚不发达的朝代，朝廷又拿他如何呢。

王阳明是否动过这样的心思尚无考证，但是王阳明就是王阳明，他绝不会选择逃避，更不会做逃兵。在别人眼中，逆来顺受不过是惧怕强权罢了，但是他却觉得这是自己在追寻圣贤之路上的一种考验，他不必逃，他也不在意别人如何理解、如何评论，他只做自己该做的。久而久之，王阳明在石椁之中，心境慢慢地明朗了起来，如今的王阳明心境可以说已经达到了心若明镜止水的境界，心胸随之也变得开阔了许多，他逐渐地走入了古圣先贤所说的洒脱境界以及无拘无束的状态。

一晚，月明星稀，山野寂静，王阳明在石椁之中静坐之后，走到岩洞的外面。他看到天空中皎洁的月光静静地散落在山谷之中，偶尔的鸟兽之声从远处传来，这山野更加寂静，这天地更显得神秘。他向远处眺望，看到整座山林笼罩在淡淡的雾气之中，圣洁而神秘，仿佛这世间要有什么不寻常之事发生。过了子时，他迈步回到岩洞休息，侧卧于床，双目微闭，心定神宁。

当年在九华山的道长教给他这套睡功，他便每次睡觉之时，眼观鼻，鼻问心，安静入睡。只是这晚正当他进入梦想之时，他的心头忽然变得一片清明，恍惚之间，他觉得自己是卧在了山林之中，突然一阵狂风大作，有一只斑斓猛虎向他猛地扑来。王阳明在龙场已经将生死看得很淡，就在这猛虎咆哮之时，他依然安静自处，不为所动。此时，猛虎忽然消失得无影无踪。转而，他看到有一群人抬着八抬大轿吹吹打打向自己走来，并恭喜他得以加官晋爵。王阳明想，什么富贵其实都是浮云，何必理睬呢。

恍惚之中，他又觉得一名美女来到他的身边，对他说，已经对他仰慕已久，此生愿意侍奉他一辈子。王阳明心如止水，哪里会理会这些。紧接着他看到很多的学生簇拥他来到一座高台，这些人对他说，恭请圣人讲学。要知道王阳明素来喜欢讲学，心中便是一动。正想登台讲学之时，他想起《易经》中说的那句“河图形圆，阴阳合一，无为自然之道”。就在此时，有一个声音从原来的天空传来：“一切有为法，如梦幻泡影，如露亦如电，当作如是观。”这句话出自《金刚经》。既然如此，他想圣人又该如何做呢?

想到这里，王阳明最终守定心性，观其物，而物无其物；观其身，身无其身；观其心，心无其心。慢慢地，他脑海中的一切都消失了，而他自己也忘却了时间，忘却了空间，忘却了自己。此时王阳明精神集中，将自己整个身心都投入其中，他身心变得虚明透彻，与不生不灭、不增不减、无始无终的天地宇宙融为一体。那时那刻，他觉得天地万物不就是由自己的本性流出吗。终于王阳明在这种不着一物的心境之下，大彻大悟，不仅明白了朱熹的格物致知，更领悟了圣人之道，于是欢呼雀跃，一声长啸，就如疯癫了一般。

从此，王阳明真正看透了世间的荣辱得失，名利是非，甚至生生死死都不能再束缚他，他成为了一个真正心灵自由的圣人。如果没有龙场的艰苦环境，如果没有龙场的逆来顺受，如果没有龙场的寂寞与落魄，大概王阳明很难达到这种境界，当然也就不能成为圣贤之人。

逆来顺受是身处逆境之中，转化着急的思想，生出顺境的一种感受。这是一种乐观主义精神，是人修养身心的重要功课，不是一般人可以做到的，如果你做到了，那么你必将成就一番事业，成为这平凡世界之中的不平凡之人。

7. 如何区分情感与私欲

君子之学以明其心。

——《静心录之九·别黄宗贤归天台序》

君子做学问是为了明心见性，是为了去除私欲，让心灵得以平静，只有这样，做事才能做好，才可以区分什么是私欲，什么是情感。

王阳明孤身一人平息了宁王反叛之后，皇帝朱厚照却依然坚持御驾亲征。这个皇帝难道是脑子进水了，王阳明都将宁王抓住了，而且已经押解到南京附近了，御驾亲征还有什么意义。原来这个昏庸的皇帝换上军装，将所有俘虏都放了出来，然后一声令下，让手下的将士将这些俘虏又抓了一次，重新装进了囚车。接着皇帝自己装作凯旋的样子，向南京开始出发。如果说闹剧到这里结束那你就想错了，皇帝想着要将宁王朱宸濠释放在鄱阳湖，然后他再抓起来，好让天下人以为平定叛乱都是他的功劳。

荒唐的皇帝在南京没有玩尽兴，哪里肯回到京城。但是他没有想到王阳明在南昌促成了部队的撤离，大家觉得这是王阳明在跟皇帝争功，其实他哪里是争功，朱宸濠的反叛部队没有全部被歼灭，他只能如此。但是皇帝周边的人却不这么说，他们纷纷在皇帝朱厚照面前说，王阳明原本就是朱宸濠的同伙，在江西他有自己的部队，迫不得已才把朱宸濠抓了起来。如果不相信，可以让王阳明来南京面圣。王阳明没办法立刻赶往南京，可是张忠却派人在半路阻拦，导致他在芜湖停留了半月之久。

王阳明此时真的是失望到了极点，他一个人冒死平息宁王叛乱，结果却被小人诬陷，国家发展到这地步，还有什么前途，于是他干脆去了九华山，继续自己的学道之路。心情不同，路上的风景自然也就没有什么好心情去欣赏。但是他到了九华山，安静打坐，依然找不到心灵之中的平静。一个国家有奸臣就会有忠臣，就像这世界有小人就有君子一样。张永在这关键的时刻对朱厚照说，王阳明在国家危难之时，挺身而出，如今这样对他，将来国家再有危难，谁又能站出来担当呢？皇帝闻言觉得也有道理，便命令王阳明回到江西。

王阳明从九华山返回南昌，多次举行阅兵仪式，因为他预料到在皇帝身边的这些小人总有一天会对皇帝下手。第二年的六月份，皇帝朱厚照在南京的牛头山失去了踪影，侍卫们折腾了整整一夜，有人就传言说是江彬想要谋反。王阳明赶到九江，立刻集结军队操练，皇帝失踪了，他却操练兵马，此时流言四起，各种诬陷开始盛行，而他的学生也不明白王阳明为什么此时阅兵。就在这个关键时刻，江彬也派人前来悄悄地打探他的行动。

面对流言蜚语，面对诽谤，王阳明一脸坦然地对学生说，你们去读书吧，在南昌身边都是小人，我的心坦坦荡荡有什么可避嫌的？江彬本是边将出身，王阳明这样做自然是为了防止江彬发动兵变，而这些道理其他人哪里明白，哪里懂得。

如果说王阳明在这些流言蜚语与妄加诽谤面前没有动心，或许也不可能，尽管他是圣贤之人，但是圣贤之人也是人，是人就会有情感，不然他也不必去九华山隐遁修道。但是王阳明就是王阳明，他做事总有一番道理，他处事也总有一番自己的思虑，如若换作别人可能早就被昏庸的皇帝气得七窍生烟，跺脚而去，从此也绝不会再过问国家的任何事情。但是王阳明有着别人无法拥有的大智大勇，他将自己的情绪、自己的情感置之一边，以国家前途为己任，做着自己该做的事情。

在皇帝身边的江彬、张忠等人其实都是一些溜须拍马之人，他们为了自己的荣华富贵，为了自己的私欲，不惜加害忠臣，不惜将莫须有的罪名加到忠臣贤臣身上。所以就在王阳明在九江操练兵马、举行阅兵仪式的时候，这些人开始散布谣言，开始变本加历地诬陷他，说他不仅私吞了国家的财产，更是手握重兵企图谋反。王阳明面对这些的污蔑，面对这样的谣言，泰然处之，他早已经将这些人的贼子野心看得一清二楚，他明白自己的情感与这些人的私欲相比，他要做的就是要将这些人的嚣张气焰打下去，他不能让这些人得逞，身为大明朝的官员，他必须要维护国家，保护国家。

一年的御驾亲征过去了，皇帝依然不想离开南京。张忠这帮犬牙认为朱宸濠被抓的功劳尚不能完全确认，他想将功劳据为己有，但是王阳明押解俘虏离开南昌，一路上百姓尽人皆知，亲眼目睹，怎么可能掩得天下之人耳目，怎能可能堵住这悠悠众口。没办法，他们就让王阳明重新书写去年的上疏，将擒获宁王的功劳归于皇帝和张忠等人。

君子就是要去私欲，君子就是要明心见性，明白情感与私欲不同，唯有如此，才能像王阳明一样将事情做好。

第四章

志一立，天下无难事

1. 回归婴儿，找到生命的方向

人心是天渊。心之本体，无所不该，原是一个天。只为私欲障碍，则天之本体失了。心之理无穷尽，原是一个渊。只为私欲窒塞，则渊之本体失了。如今念念致良知，将此障碍窒塞一齐去尽，则本体已复，便是天渊了。

——《传习录》

人的心既像无底的深渊，又像是广阔的天空，它包含了无穷的智慧。只是人的智慧和潜能都被各种私欲所干扰，才无法显现。只要我们下功夫将心中的私心杂念都清除干净，那么原本的智慧和潜能就会恢复。

1520年的9月，大明朝皇帝朱厚照在回京城的路上路过淮安清江浦，不知道为什么，这个昏庸的皇帝突然来了雅兴，非得学习捕鱼，或许他命中该有此劫，又或许他欠天下苍生太多，所以他这一玩竟然将自己玩到了水中。当诸多侍卫七手八脚地将他救起之后，他已奄奄一息，从此大病不起。此时江彬这些害群之马仍然不想让皇帝回京，但是朱厚照的身体实在无法坚持，只好回到北京。到了12月份，皇帝在京城的正阳门下举行了隆重的凯旋仪式之后，才进入紫禁城。到了1521年的3月，31岁的朱厚照驾崩，结束了其荒诞的一生。

按道理，新皇帝登基，朝中的正义之气逐渐回升，江彬等人一一被处死，那么王阳明作为只身平息叛乱的大将也该有好日子过了吧。但是事情远远没有想象的那么简单。新皇帝召见王阳明，中途却又下旨不得进京。不是说皇帝是金口玉言吗，怎么还会出尔反尔。是的，你猜对了，朝廷之中对王阳明的诬陷仍然没有结束，有人依然拿着那些流言蜚语说事，而他也成为了这朝堂之上权利斗争的牺牲品。

龙场悟道之后，王阳明越来越相信自己的本心，在他眼中这所有的一切本就是从他本心流出来的，也就是大家所说的正义。什么功绩，什么荣华富贵，他都不在乎，他只是在按照自己的本心去做自己该做的事情，他的心在这些不间断的诽谤面前始终都是光明的。整整五年，他四次上疏要求回家探亲，但是都没有得到允许。就在新皇帝嘉靖掌管朝堂的时候，他第五次上疏要求回家，才终于获得应允，回到了自己在绍兴的家。

五年的时间，奶奶已经去世了，父亲也老了，他心中有遗憾。就在那年的十二月，他父亲过生日的时候，朝廷圣旨下来，说他平定有功被封为新建伯。大家接到圣旨都觉得这是好事，用他父亲的话说，在江西他用三万乌合之众的民兵对抗十万精兵，都认为他死定了。后来传出各种流言蜚语，他父亲又觉得他很难自处，但是最终却是封官加爵。王阳明心中明白，封爵并不意味着对自己的各种诬陷就结束了，这不过是朝廷迫于压力不得不做的决定。

宁王朱宸濠叛乱失败之后，与王阳明一起参与平叛的官员不是被拷问就是被流放到了外地，而只有王阳明一人封官加爵。他心中明白朝廷对他平定叛乱的态度根本就没有根本转变，正义更没有得到伸张，所以他辞去了封号。1522年，朝廷之中的程启充御史兼江西省巡按，向皇帝上疏称王阳明与朱宸濠本就是同谋，要求皇帝将他的封号除去，其实这也就表示在朝廷之中有很多人跟他有相同的想法。王阳明的学生听到这些诬陷，都开始替他打抱不平，唯独王阳明不辩解，不争吵。

天下的公道本就在天下，王阳明认为只要相信自己的本心，只要做的对就可以了，根本没有辩解的必要，于是他对所有的流言蜚语以及诬陷都不予以理睬，只是一心将自己沉浸在讲学之中，享受着思想自由带给自己的快乐，其实这就是对“本心”两个字最好的诠释。

婴儿的心是最纯净的，也是最平静的。婴儿对于世间的万物，对于人世之间的喜怒哀乐从来都是淡然面对。当初在贵州龙场，王阳明在那个夜晚，忘却了时间、空间，忘却了自己，忘却了身在何处，他的心恢复到了初生婴儿一般的平静，也就是说他超越了自我，突破了自身因素和外界环境的限制，最大程度掌控了自己的内心以及行为，那一刻他看透了荣辱得失，看透了生死，所有的负面情绪，所有落在心灵上的灰尘都清除的干干净净，心的本性得以恢复，所以那刻他大彻大悟。

王阳明从龙场悟道以来从来就没有停止过思考，并提出了良知的学说。从1521年开始，他在学堂讲自己的良知学说。用他自己的话说，他心中拥有定盘针，这定盘针能够真切地为大家指导方向，只要按照这定盘针的方向做事，就不会迷失，而这定盘针就是本心，就是良知。正是王阳明的良知两个字，让我国的古代思想格局发生了很大的变化。

圣人之道，无心自足！只要让心灵回归到婴儿的状态，只要让心灵得以纯净，我们就可以找到人生中的方向，我们就可以超越自己，超越梦想。

2. 立志后，万事就是一事

志不立，天下无可成之事，虽百工技艺，未有不本于志者。

——《王阳明全集·教条示龙场诸生》

不立下大志，这天下就没有可以成功的事情，就算是学习技术，如果不立志也难以成功。

王阳明在讲学中曾经对弟子说："你们学习一定要立下做圣人的志向和决心，每时每刻心中都要有一种'一棒子打出一条伤痕，一巴掌打出一道血印'的精神，只有这样听讲，才能感知每一句的力量，才能加深印象。每日如果糊里糊涂混日子，跟一块死肉一般，打骂不知道疼痛，最终也学不到学问的精髓。等回到家后，依然用老法子面对生活，等于是浪费时间，这多么可惜啊。"

志不强者智不达，可见确立志向在人生之中有多么重要。王阳明从小便心怀大志，那就是要读书做圣人。在他12岁那年的时候，他非常认真地问自己的老师："何为天下第一等事？"老师也非常认真地回答他："唯读书登第耳。"王阳明听后用怀疑的态度反驳老师说道："登第恐未为第一等事。"老师听后反问他什么才是人生头等大事，小小的王阳明却说："读书学圣贤耳！"

在大人们看来，王阳明说出的话简直是张狂至极，滑稽可笑至极。在明朝，所谓的圣贤就是指尧、舜、孔子、孟子等这样的人物，而王阳明小小的年纪就想做古圣先贤之人，简直太可笑。但是在王阳明心中却始终觉得读书做状元不过是外在的成功罢了，只有读书成为圣贤才是内在的修为，才是人生的第一等大事。也正是因为拥有这样崇高的志向，才使王阳明有了跟别人不同的人生。在他的一生之中，读书做圣人始终伴随着他的生活和工作，他也以此来面对生活中遇到的所有事情，最终开创了自己的心学。

在浙江的永康有一个年轻人，他跟随王阳明的学生学习心学，但是他感觉有很多问题始终弄不清楚，于是千里迢迢、跋山涉水，专程拜访王阳明，希望能够学习到具体的心学之道。王阳明见到他之后，问他先生都教了他一些什么？这位年轻人回答："没有教什么特别的，只是先生每天都教导必须立志学习圣贤的学问，不能总是沉溺于世俗之学。"王阳明听后认为年轻人已经学到了圣贤之学的方法，声称自己没有什么再教给他的了。

年轻人百思不得其解，再三恳求王阳明一定要教给他。王阳明便询问年轻人这一路旅途中的辛苦，然后感叹地说："你这一路真是太艰难了。你来我这里，路途是如此的劳累，又经历了那么多的艰难险阻，中途为什么不返回去，而坚持来我这里呢？难道有人强迫你吗？"

年轻人听后回答说："我来先生这里，是想投身于先生门下学习圣贤之道，尽管旅途中艰辛，但是内心却感到非常快乐。况且我哪里能因为吃了这点苦就返回去的道理呢，这也不需要什么人来强迫自己吧。"

王阳明听了年轻人的这番话，禁不住抚摸着自己的胡须笑了起来，并说："这就是我所说的，你已经得到了学习圣贤之道方法的原因。你有志向，有决心，一定要投入到我的门下学习心学，这便无需任何人告诉你来的方法，不远千里，不辞劳苦，跋山涉水也要到达我这里。你立志学习圣贤之学，有了这样的方法，还愁达不到圣贤的境界吗？更不用别人教你什么了。你这一路之上弃舟登陆，自己把盘缠留给仆人，而自己宁愿去借粮食，而且冒着如此的酷暑而来，这又是从哪里学到的方法呢？"

年轻人听了王阳明这一番话，恍然大悟，心中突然明朗了起来。王阳明还有一个学生名叫萧惠，他问老师佛老之学的精妙所在，王阳明说："圣人之学简易广大，你不肯问我其中感悟到的，反而问我后悔的。"萧惠很是惭愧，便向先生请教圣人之学，而王阳明却说："你现在只是做表面功夫，敷衍了事，告诉你也没用。等你真正拥有了一颗做圣人的心之后，再和你讲也不迟。"

萧惠听后依然再三请教，王阳明说："我已经跟你说得很清楚了，可是你还是不明白。"在王阳明看来，想要达到圣贤之人的境界，最关键的就是要现有一颗一定要成为圣贤之人的心。人只要先立定了这个做圣人的志向，有了这样的决心，才会经受住外界的诱惑，经受住艰难困苦的考验。也只有立下了这样的志向，万事方为一事，一切也就都好说了。

人生是一项复杂的系统工程，看着漫长，实则又十分短暂。在这一生之中立志和决心非常重要。有时候看一件事能否完成，就是要看你立下的志向。只有有了决心，才会千方百计地去寻找成功的方法。

3. 重要的不是做什么，而是为什么

萧惠问死生之道。先生曰："知昼夜即知死生。"问昼夜之道。曰："知昼则知夜。"曰："昼亦有所不知乎？"先生曰："汝能知昼？懵懵而兴，蠢蠢而食。行不著，习不察，终日昏昏。只是梦昼。惟息有养，瞬有存，此心惺惺明明。天理无一息间断。才是能知昼。这便是天德，便是通乎昼夜之道而知，便有甚么死生？"

——《传习录》

懂得白天与黑夜，就能懂得生死之道，如果不想浑浑噩噩地活着，就要用心生活，就要认真做自己。在人的一生之中做什么其实并不重要，重要的是你为什么去做。

王阳明的弟了萧惠向他请教生死的问题，王阳明说："生死

之道就与白天和黑夜一样，如果你知道白天与黑夜，那么也就知道什么是生与死。”接着萧惠又问王阳明，白天与黑夜的学问。王阳明说：“白天与黑夜，只要你知道其一，那就自然就会贯通其中了。”萧惠听后说：“先生所说的白天与黑夜，就是我们日常生活中的时空吗？”王阳明说：“其实你并不懂。那些在清晨迷迷糊糊起床，接着开始盲目地开始一天的生活，整日糊里糊涂地过日子，就像是生活在梦中的人永远都不会懂得白天与黑夜真正的意义。只有用心生活，明明白白做人，才能真正懂得白天与夜黑，才能明白自然规律，生与死的问题自然也就可以看得透彻。”

正德五年，也就是1510年，那年的秋天，宦官刘瑾终于被诛，而王阳明贬谪龙场的期限也到了，朝廷便命他做了庐陵的知县。庐陵也就是江西的吉安。不要小瞧了这个地方，欧阳修、文天祥等很多名人都出生于此，也就是在这个地方让王阳明上任的第一天就遇到了大麻烦。原来在他来到县衙第一天的时候，当地的居民一下子就涌进了几千人，这些人个个情绪激动，手下建议将这一帮“刁民”撵走。王阳明走下公堂，找到其中的一些老人了解事情的原因，原来几年前来了一位太监，说朝廷需要葛布，县里必须上贡，如果不出产，那就必须交钱才可以。因为上交葛布，这里摊得一百零五两的银子，百姓对此当然不满了，税赋原本就很沉重，何况要加上这些，对于他们来讲，这简直就是雪上加霜。

原来的县衙负责任，因为收不上这些银子，索性就自己赔上了；到了第二年，仍然收不上，不得已又自己搭上了。就这样一直到王阳明上任前，有官员来催这笔银子，百姓们实在是忍无可忍了，这原本是临时增加的赋税，怎么能年年收呢？王阳明听完这些之后，当时就做出决定，上贡葛布摊派的一百零五两银子不交了，而且其他的赋税也不用交了，然后就让这些居民回家去了。紧接着他向朝廷上疏，将这里的事情写在了上疏之中，并且说如果朝廷因此追究责任，他愿意一人承当，就算是被罢官了，也心甘情愿，无怨无悔。

王阳明为什么这么说，他心里清楚得很，这个决定很可能会得罪朝廷，而他也即将面临着朝廷的又一次责罚。既然知道结果，那为什么非得这么做不可呢，这不是自找无趣、横生枝节吗？但是王阳明12岁的时候就立下了要做圣人的伟大志向，加上在龙场这几年的磨炼，他早就将自己的生死荣辱放在了一边。

做任何事情，他唯一遵循的就是圣贤之道，每一次遇到事情，他都要想一想如果是圣贤之人在这种情况下该如何去做。很显然，解除百姓的赋税，让百姓因此可以安居乐业正是圣贤之人要做的，所以王阳明当机立断，冒着被惩罚的风险，不仅免去了葛布的赋税，更是免去了其他的赋税。这一次王阳明是幸运的，因为刘瑾已死，他的举动没有遭到朝廷的责罚，事情也就这样过去了。

这件事，让人不仅想到了王阳明曾经因为上疏得罪刘瑾而不幸遭遇的那场牢狱之灾。其实当初刘瑾当权，朝廷中的官员因为害怕刘瑾的报复，再也没有人敢说话了，而这些情况对于身在京城的王阳明自然再明白不过了。可是那时候他依然上疏朝廷，依然站出来公然说真话，其可能得到的结果，他当然也是知道的。但是那时候他觉得如果是圣贤之人，在那种情况下也必定会选择上疏，承担正义。他一生都在想做圣人，在这种情况下当然不会让自己缩起头来，明哲保身。

在人的一生当中，选择走什么样的路，做什么样的事情，其实并不重要，重要的是你要明白自己为什么要这么选择，为什么要做这样的事情。只有清楚明白地做人，做事，方可成为人上人！

4. 目标就像人生大船上的舵

为学须得个头脑，功夫方有着落。纵未能无间，如舟之有舵，一提便醒。

——《传习录》

无论是做事、修身或者学习，都必须有一个明确的目标。如果一个人没有人生目标，就算是有再大的力量和潜能，也会常常忘记自己应该做什么才能成功。目标就像是人生大船上的舵，在关键的时刻可以让自己把握方向，拥有自由的人生。

1499年，王阳明第三次参加会试，终于金榜题名，从此他也一脚踏入了大明朝的政治舞台。1950年，他被朝廷授予刑部主事的职位，奉命去淮安等地执行公务。在这期间他平反了很多冤案，在百姓心中留下了许多美名。但是在公事办完之后，他那喜欢山水的毛病就又开始泛滥了，于是出游九华山，并在那里拜访了很多奇人异士。

蔡蓬头是一位在九华山隐居修仙多年的道士，王阳明听说后就赶紧前去拜访，等见到此人，王阳明一看便知道这是高人，于是虚心请教修道的方法，谁承想这道士对他爱理不理，只是说了两个字“尚未”，然后掉头就走掉了。王阳明见状，屏退掉身边的随从，屁颠屁颠地跟在道士后面，一再求教，结果人家还是用那两个字打发他。

王阳明哪里肯就此罢休，于是发挥穷追不舍的韧劲，再三鞠躬，虚心请教。最后这道士实在没办法了，就说了一句：“你自以为执礼甚恭，但是在我看来，你终不忘官相。”然后微微一笑将虚心好学的王阳明扔在了原地。

王阳明在那里久久地回味着道士的话，不禁自己哑然失笑。原来道士的这句话正中他的心脏。爱修道，但是又爱当官；喜欢山水，却又无法舍弃庙堂。这些纠结被道士一句道破。等到了第二天，王阳明又听说在一个天然洞穴之中，有一位不食人间烟火的天然哥，所以决定前去拜会。

攀爬上悬崖峭壁，行走过陡峭险峰，等王阳明好不容易找到这位天然哥后，却发现此哥们正在那里呼呼大睡。王阳明毫不客气地坐在他的身边，以为他在假睡，便摸着他的脚，结果这天然哥一个激灵就给醒过来了，他十分诧异地看着王阳明这不速之客，说道："路险，何以至此？"

王阳明听说却微笑着反问道："何为修道最上乘的功夫呢？"第一次见面就问如此高深的问题，天然哥深知来者并非一般人物，于是非常真诚地与他一起探讨了起来，谁承想这两个人不聊不要紧，一聊竟然甚为投机，从儒、释、道谈及朱熹的格物致知，然后说禅宗的明心见性，两个人还聊起了北宋的程明道和周濂溪两位儒家。临别之时，天然哥跟王阳明说："周濂溪与程明道也不过是儒家的两个好秀才而已。"

九华山一行对王阳明影响很大。到了1502年，他从九华山回到京城复命，而这时候京城的文人才子们正在搞"文艺复兴"。其中以李梦阳和何景明为首的一群愤青的文人们，正在倡导"学古诗文"，对八股文的假大空展开了一场空前的批判和进攻。王阳明原来也非常喜欢跟这些文人墨客掺和在一起，偶尔也会动笔写一些诗文或者是骂骂官场之中的腐败等，但是自从九华山归来，他对这些早就没有了兴趣。

“焉能以有限的精神用在这无用的虚文之地！”他从此便跟李梦阳这些人划清界限，说了拜拜。其实王阳明少年时期就对诗词不感冒，随着年龄的增长，对修道的进一步体悟，如今的他非常不喜欢这种龇牙咧嘴的愤青姿态。但是李梦阳等人却为失去王阳明这样的干将而扼腕叹息。王阳明微笑着对他们说：“韩、柳不过是文人；而李、杜也不过是诗人，如果有志向学习心性之学，以颜回、闵损为期，非第一德业乎？”

既然要追求自己的“第一德业”，那就说到做到，王阳明不仅立即与李梦阳等人说了再见，还以自己养病为理由给皇帝写了一份辞职报告，要求回家修养。那时候王阳明的职位也不过就是个芝麻绿豆的小官，在皇帝的心中根本就是无所谓的，所以他的报告很快就被批了下来。王阳明向来就是一个言行一致的人，丢掉乌纱帽之后，他立刻回到家乡，当然也不住在家中，而是远离凡尘琐事，跑到山中一心一意地在阳明洞中潜心修道去了。

一个人一旦确定了自己的目标，就会放弃其他与之无关的所有，热情、狂热地追逐，目的只有一个，那就是实现自己的目标。为了实现目标，所有的一切都可以克服，而蕴藏在心底的潜能也会被激发出来。王阳明就是这样，他在洞中静坐内观，进入物我两忘的状态，逐渐感觉天地消泯，内心一片光明，为龙场悟道打下了基础。

那些所谓的天才，其实是以一种忘我的精神去对待自己的目标，而事业也会以最好的状态回报他们，让他们创造出生命中的奇迹。

5. “正确”的志PK“错误”的志

何廷仁、黄正之、李侯璧、汝中、德洪侍坐，先生顾而言曰：“汝辈学问不得长进，只是未立志。”侯璧起而对曰：“珙亦愿立志。”先生曰：“难说不立，未是必为圣人之志耳。”

——《传习录》

想要做事，固然要立志，但是立志也要符合客观规律，否则就会南辕北辙，向错误的方向发展下去。

何廷仁、黄正之、李侯璧、汝中、德洪这几位学生陪着老师坐在一起聊天。王阳明对这些学生说：“你们的学问没什么长进，这是因为你们大家没有立志的原因。”这时候李侯璧站起来对先生说：“我愿意立志。”王阳明却说：“很难说你没有立志，不过你立的不是一定要做圣人的志向。”其实王阳明是想告诉自己的学生，学习要立志，但是立志也要正确，只有正确立志，方能朝着正确的方向行走。

王阳明在龙场讲学期间，他的爱徒徐爱在安徽祁门遇到一个叫傅凤的人，这个人终生的理想就是要孝顺自己的父母。但是他却没有像样的工作，也赚不来钱，所以也就无法照顾好自己的父母。徐爱就推荐他去见王阳明，王阳明就跟他讲心学。傅凤听完之后，开始下决心修行的时候，突然意识到自己早已经年老的父母以及傻弟弟都急需他来养活。所以他抛弃心学，开始日夜不停地读书，想要考个进士，求个一官半职来养活家人。

但是事与愿违，因为他总是吃不饱，加上拼命读书，后来身体越来越不好，最终得了重病，卧床不起。但是为了养活父母和弟弟，傅凤在重病的情况下依然坚持读那些科举之书，但是王阳明的一些学生们总是想尽办法让他以自己的身体为重，告诉他，这样坚持下去，只能让自己的身体越来越不好，这种情况下最好还是先保重身体才为上策。傅凤为此心中特别烦闷，于是去请教王阳明。

王阳明听后叹息地说：“你啊，一生立志孝亲，但是却因此陷入到了不孝的深渊之中。”傅凤听完非常吃惊地问：“先生，难道我不想尽办法去做官赚钱来养活父母和弟弟，就是孝顺吗？”王阳明听后反问道：“你为了科举，为了做官赚钱而照顾自己的父母和弟弟，但是却因此把自己搞成病夫，这难道是孝吗？”

傅凤听后非常疑惑。王阳明此时又说：“看你现在这病怏怏的样子，你自己觉得能考上进士吗？”傅凤听后非常坦诚地回答：“不能！”王阳明接着说：“你现在把自己的身体搞垮了，不要说无法参加科举，得不到官职，就你现在的身体状况，不要说照顾好自己的父母兄弟了，恐怕还要让你的父母来照顾你吧。你说，你这不是大不孝，又是什么？”

傅凤听完这番话潸然泪下，随即请王阳明为他出个主意。王阳明回答道：“宇宙中最真最好的孝，就是不让自己的父母担心。只要知道了这个，就知道如何去孝顺自己的父母了。”王阳明所说的孝，其实就是不让父母担心的学问。孝顺父母，物质条件其实并不是那么重要，重要的是让他们安心。在这世界上，所有的父母都希望自己的儿女平安，健康，那么将心比心，我们作为儿女也希望自己的父母平安，健康。要想做到这一点，我们要做的就是要让自己的身心平安，否则一切都是空谈。世界上的事情都是在不断变幻的，当良知没有被遮蔽的时候，对于孝顺的要求是万古不变的，想要真的孝顺，就要做到“让父母安心”这五个字。

从傅凤的故事中，可以看出一个人立志尽管很好，但是如果立志的方向错了，那就会过于偏激，那就会走向错误的道路，这样下去是十分危险的。无论是古代还是现代，有很多人都会犯下南辕北辙的错误。想要做好事，想要成就一番事业，立志的同时要反省自己，发现错误就立刻改正，才会步入梦想的旅途。

有弟子问王阳明，学习朱熹理学格物致知的方法很简单，只要去外面格物，把格物得到的道理用静坐思考的方法能与自己的心吻合就是了。您这个学问要怎么学会它呢？王阳明听后说了四点：第一，就是要立志。也就是要打定主意，下决心做圣贤。第二，要勤学。做圣贤就要勤奋学习，就要努力学习知识来提升自己的品德。第三，改过。有错就要改，不可姑息。第四，就是要在朋友之间用责备的方式去劝善。

现实生活中，每一个人心中都应该有一杆秤，都要对自己进行公正、公平、不偏不倚、不轻不重的评价，因为一个人只有准确把握好自己，才能实事求是，才可以恰如其分地感知自己，并完善自己。

在人生的旅途中，树立心中的志向之时，要问清楚自己真正想要做什么，应该去做什么，到底要怎么做，才能确立正确的志向，才能避免错误出现，才能懂得量力而行，才可以朝着对的方向一直坚持不懈地走下去，获得成功。

6. 没担当，立志就是放空炮

先生曰："我在南都以前，尚有些子乡愿的意思在。我今信得这良知真是真非，信手行去，更不着些覆藏。我今才做得个狂者的胸次，使天下之人都说我行不掩言也罢。"

尚谦出曰："信得此过，方是圣人的真血脉。"

——《传习录》

所谓良知的是非，就是只管行动，而不用隐藏什么，拥有敢作敢为，敢担当的心胸，就算是天下人所有的人都觉得你言行不一致，那又有什么关系？

王阳明曾经对自己的学生坦白地说："在我来到南京之前，我还想着要当一个老好人的一些想法。但是现在，我已经非常确切地明白了良知的是非，以后只管行动，再也不用隐藏什么。现在的我才真正有了敢作敢为的胸襟，才真正有了担当，就算是天下人都说我言行不一，那也毫无关系了。"王阳明的弟子尚谦赞叹道："先生有这样的担当和信念，才是圣人的真血脉啊！"

1519年7月，王阳明的反间计被朱宸濠识破之后，随即率军回援南昌，半路两万先锋部队与伍文定的五百骑兵相遇，伍文定惨败。王阳明经过思索认为，自己的部队虽然是杂牌军，但是却是正义之师，而朱宸濠的部队尽管是正牌军，可是毕竟经过了长途跋涉，所以决定要主动出击。到了二十三日，宁王先锋距离南昌三十公里，气势恢宏，二十四日到达黄家渡与王阳明的杂牌军遭遇。王阳明排兵布阵，诱敌深入，致对方军队脱节，并趁机出击，消灭掉对方几千人。九江南康的守军此时前来增援，王阳明立刻派两军攻击九江南康，从而将其收复。

两军再次开战，开始的时候，朱宸濠的军队占据上风，王阳明战败，死伤数十人。王阳明看到这种情况，将退却的官员拉出去斩首示众，然后让伍文定不要退缩。而他自己也拼命督战，发起进攻。经过这么一折腾，朱宸濠的部队乱作一团，王阳明看到战机再次来了，随即在战船之上挂出悬布，声称宁王已经被擒住，命令手下不得纵杀。不知道消息真假的朱宸濠军队，立刻乱了阵脚，惊慌失措，伍文定趁机进军，反败为胜。

吃了败仗的朱宸濠退到樵舍，然后将所有的船链接在一起，并结为方阵，决心第二天与王阳明决一死战。王阳明听到后，模仿赤壁之战，吩咐部队用火攻打，结果朱宸濠的部队因为连接到了一起，导致进退不能。王阳明下令用火箭向对方船队再次发起攻击，船队火势变得凶猛，敌方将士纷纷落荒而逃，朱宸濠的妃子也投水而死。朱宸濠本人则换上老百姓的衣服，看到芦苇中有一条小船，便跳上了小船，没想到船夫将小船划到了王阳明的军中，直接被王阳明活捉。

宁王朱宸濠被活擒，随即所有的核心人物都一一被捉，到了二十八日，平定叛乱的战争结束。被擒到的朱宸濠大声喊道，我愿意除去自己的护卫，能否将我放掉。王阳明回答，国有国法，军有军规，我不能将你放走。朱宸濠却说，我和皇帝之间乃是家事，与你阳明先生何关，又如何劳你费心呢？如果可以，还是请先生将我的妃子好好安葬了吧。此时的宁王朱宸濠心中非常后悔没有听妃子的话，而导致自己最终的惨败。

朱宸濠从六月十四日起兵谋反到七月二十四日，不过四十天，就落得个被王阳明活捉的结果。其实很多人都觉得，王阳明完全可以不管此事，因为当时既没有皇帝的圣旨，又没有上司的授权，他完全是恰巧碰上了此事，当然可以坐视不管。但是王阳明就是王阳明，他不是那样的人，他倡导知行合一，他的心中有责任，有担当，从12岁开始他立志当圣人，将国家与人民装在心中，从他少年时期独自去边关考察到上疏得罪刘瑾被流放到龙场，他从未有过后悔。

心怀天下，敢为天下挺身而出，他的担当不仅具有高尚的道德情操，更具有圣人的情怀。整个平叛过程之中，山东、福建等邻省的部队根本就没有见到踪影，而且朝中更没有援军到来，他用手中的三万民兵对抗朱宸濠的十万大军，可以说这是战争中的奇迹。但是等到他平叛结束之后，迎来的却是皇帝的御驾亲征，迎来的是乱臣贼子的诬陷。

王阳明对于自己所做的一切，一直都认为是自己应该做的。

他一生立志当圣人，如果是圣人面对这样的情况当然也会选择这么做，担当起自己的责任。面对那些流言蜚语和诬陷，他更觉得没必要解释，没必要辩解，公道自在人心，他只是按照自己的心去做自己该做的事情。如此淡泊宁静，如此敢于担当，王阳明不成圣人都很难吧。

做事敢作敢为，敢担当，才能成就一番事业，才能让自己的志向成为现实。

7. 凭什么可以坚持不懈

持志如心痛。一心在痛上，岂有工夫说闲话、管闲事？

——《传习录》

一个人立志很重要，但是守持自己的志向也非常重要。如果守持自己的志向就像对待自己的心疼一样，将全部精力集中在志向上，坚持不懈，就可以发挥自己最大的智慧。

王阳明从小就立志做圣人，那个时候，王阳明的老师和父亲都觉得王阳明这个伟大的志向幼稚得有些可笑。但是王阳明却将这志向看成为自己一生奋斗的动力。

1518年，王阳明正在南赣剿匪。在剿匪的同时，他并没有忘记讲学。在剿匪的业余时间，他会集结弟子一起讨论心学。在赣州，他只要不剿匪、不干公事，就会和弟子们一起静坐祛除人欲，然后再让弟子去真正到现实生活中去锻炼，并告诫弟子在现实的事情之中锻炼之时一定要诚心诚信。为了大范围内传播心学，为了让更多的人可以去私欲成为正直的人，他在赣州剿匪期间大力兴建书院。据资料记载，他一口气就在赣州城建了义泉书院、正蒙书院、福安书院、镇宁书院、龙池书院这五所书院。

建立书院是为了更好地传播心学。王阳明除了建立学校以外，还写下了心学的《教约》，让学生们每天在清晨聚集号之后，扪心自问自己以下几个问题：爱亲敬长的心是不是有时候会松懈？孝顺自己的父母是否在现实行为之中得到了践行？在人际交往之中自己是不是有什么不得当的地方？每天是否做了什么欺骗自己内心的事情？这些问题如果没有，那就要继续进行。当然发现自己有这样那样的问题，就要立刻改正。

为了让自己的学生更好地理解和学习心学，他还在赣州写下了《大学问》这本书。这本书是心学的入门课程，是王阳明从心学的角度去解读、去诠释儒家经典《大学》，所有对心学感兴趣的人，都要先读这本书，如果哪一个人能够读懂，读透这本书，那么从理论上来讲也就迈进了王阳明心学的殿堂。

做什么事情只要坚持不懈，最终都会获得成功。王阳明就是这样一个为了理想、为了自己的志向而坚持不懈的人。少年时期的王阳明在他父亲的眼中做事其实是一个三心二意的人，一会儿骑马，一会儿又要去玩射箭，一会儿要搞什么军事游戏，一会儿又对着兵书发呆，而一会儿又钻到道教的典籍之中发愣。用他老爹的话说，鬼才知道这小子整天搞些什么。

到了1489年，王阳明带着自己的妻子回家，途径广信也就是江西上饶之时去拜访了大理学家娄谅。娄谅喜欢佛道两家的思想，深深地理解理学三昧，善于静坐，并将静坐看作进入理学殿堂的敲门砖。那个时候的王阳明尽管是读了朱熹的很多书，但是跟许多的人一样只是应景罢了，根本就不理解其中的奥秘。于是他就请教娄谅朱熹理学，其实是想得到成为圣人的真正答案。

娄谅听后非常自信地回答他："圣人是靠后天学习获得的。"王阳明心里非常兴奋，因为他一直以来也是这么认为。接着他问娄谅："为万世开太平是不是通往圣贤之路的捷径？"娄谅听后不停地摇着头说："不是，绝对不是。你所说的为万世开太平是'外王'，只有先'内圣'了才能做到'外王'。所以要想成为圣人，就必须先锻炼自己，然后才能去做圣人想做的事情。"

王阳明继续问："那么怎样才可以成为内圣之人呢？"娄谅听后一字一句地认真回答："格物致知。"这是朱熹理学让人成为圣人的方法，其实就是讲人在面对自己不知道的事物，要通过各种方法将它弄明白，等到你弄明白一切事情的道理之后，你就是圣人了。

娄谅告诉王阳明，人生是绝对严肃的。王阳明听完之后回到浙江余姚之后再也没有了以前的那些嘻嘻哈哈的习气，一下子就变成了一个不苟言笑的谦谦君子。苦读朱熹注解的“四书”，别人都是为了应付考试，可王阳明却真正地钻进书中，同时他还钻研各种理学大师的著作。

在请教娄谅成为圣人之道的时候，娄谅还告诉他，世界上的一草一木都有道理，只要去格，就能悟出其中的道理，所以王阳明就去格竹子，这一格就是七天，结果什么也没格出来，还把自己弄得大病了一场。

后来王阳明遇到许璋，当许璋知道他正在钻研辞章之后，对他说：“辞章属于小技，小技是不能成就大业的，何况是圣贤呢。”王阳明听后非常惊异地问：“那该如何？”许璋告诉他，建功立业才是圣贤的不二法门，所以你应该努力提升军事能力。从此王阳明扔掉辞章，开始专心学习兵法，后来他的军事才能在平叛乱和剿匪当中创造了一个又一个的军事奇迹。

在生活和工作中，其实只要能够守持志向，只要能够用对待自己心痛的那种大无畏精神，让自己的决心与志向融合在一起，持之以恒，坚持不懈，就可以有所成就。

第五章

用行动来改变观念

1. 不去做，看再多书也没用

爱因未会先生“知行合一”之训，与宗贤、惟贤往复辩论，未能决，以问于先生。

先生曰：“试举看。”

爱曰：“如今人尽有知得父当孝、兄当弟者，却不能孝、不能弟，便是知与行分明是两件。”

先生曰：“此已被私欲隔断，不是知行的本体了。未有知而不行者。知而不行，只是未知。”

——《传习录》

生活在物欲横流的今天，外面世界的诱惑实在是太多了，每个人获取知识的方式也很多，但是无论这世界信息多么发达，如果不去真正将想法付诸行动，所有的一切也不过是空谈罢了。

徐爱不仅是王阳明的爱徒，更是他的妹夫，因为他没有领悟到老师知行合一的真正意义，所以就与宗贤和惟贤两个人不停地辩论，但是最终都不能决断，于是便一起向老师请教。王阳明说，你们举一个例子说来听听。徐爱便说，我们从小就接受教育要孝顺父母，尊敬兄长，但是，在现实中并不是所有知道这个道理的人都孝顺父母，尊敬兄长，可以见得，这知和行本就是两回事。

王阳明听后说："你说的这种情况是因为人们的心被世俗所蒙蔽，所以就变得自私，所以就偏离了知行的本体。那些明白道理却不能实行的人，其实根本也没有正确认识这些道理。所以就是看再多的书，仿佛是明白了道理，但是不付诸行动，其实只是所谓的明白。"

王阳明经常用孝顺举例。一次他对学生说，一个人孝顺，肯定是他有孝顺的行为，就是说这个人真正做到了孝顺父母。如果一个人没有孝顺的行为，就算是满嘴的礼仪道德，只要稍微有一点分辨能力的人，都会知道他根本就没有行孝。

在朱厚照当了皇帝之后，刘瑾成为了皇帝身边的红人，只是他每日带着皇帝吃喝玩乐。作为朱元璋驾崩之前授命的几位顾命大臣以及朝廷之中的忠臣，便开始了一场"打虎"行动。只是很无奈，打虎最后彻底失败，那些顾命大臣有的告老还乡，有的再也不敢发言。对于偌大的大明朝，忠臣自然不止京城的那几个，紧接着南京的官员也开始了"打虎"行动。十五人联名上疏，字字珠玑，句句犀利，直指刘瑾，罪证确凿。刘瑾凭借着皇帝的宠爱，专横跋扈，将这些南京的官员一一绑到京城，个个打得奄奄一息。

蒋钦是南京这些官员中的代表，他不服气，打完之后被贬为平民的他再次上疏皇帝，要求诛杀刘瑾。刘瑾看到奏折后，暴跳如雷，索性将他再次毒打一顿，然后扔入了锦衣卫的大牢。全国上下的官员现在都明白了一个道理，只要敢说刘瑾一句坏话，那么蒋钦就是榜样。这种情况下，谁还敢进言。但是王阳明就在这个时候奋不顾身地登场了。

有人奉劝他，当初刘瑾与大臣之间闹得那么剑拔弩张，你都没有行动。现在刘瑾当权，你这时候上疏，不是自找苦吃吗？在王阳明看来，这场国家的运动，实际上是正与邪的较量，他当然要站在正义这边，现在正义被邪恶压倒，他必须站出来唤醒大家的良知，所以他明知山有虎，偏向虎山行。很多人看到他这样的行动都说他傻，都说他不值得，更有人说他的下场好不到哪里去。

朝中还有一些官员猜测王阳明会像其他官员一样直截了当地去扳倒刘瑾，但是王阳明从小跟别人的思维方式就不一样，他就是那么特立独行，就算是他上山，也不会直接去找老虎。他知道宦官刘瑾当权追其根源还是皇帝朱厚照，想要解决刘瑾，就必须从朱厚照那里下手。他在给皇帝的上疏之中只写南京官员的事情。他先说皇帝是仁君，是明君，作为臣子才敢直言不讳。作为皇帝，如果这些文官说的对，就应该嘉奖，如果说的不对，也应该包容，皇帝如果这样做就可以听到各种不同的声音。南京距离北京路途是如此遥远，朝廷将这些言官们千里迢迢地拉到京城挨板子，打屁股，对于这些官员来说也不过是屁股上受疼了，但是天下之人看到了，就会说皇帝这是在不让言官说话，那样皇帝不就断了与民间的联系吗？最后他说，皇帝是那么仁慈和睿智，如果让这些官员复职，全国上下的百姓都会称颂皇帝为圣君，这岂不是天下的福气。

王阳明上疏递上，心情不错，就跑到学堂去跟学生们讲心学，但是他却不知道此时他正面临着这一生之中的牢狱之灾和生死考验。刘瑾是何等的阴险、狡诈，他看了王阳明的奏折，尽管没有明说自己如何，但是公然让这些官员复职，这分明就是挑衅，既然是挑衅那就没必要手软了。纵然不是，本着宁可错杀一千、也不放过一个的原则，也要对他王阳明施以黑手。王阳明也就因此挨了四十廷杖，然后被扔到了锦衣卫大牢之中。

读书尽管可以陶冶情操，但是如果只是死读书，却不将那些志向付诸行动，那么读到的那些道理，想到的那些人生哲理，也就是一句空谈，没有什么意义。

2. 全身心体验，与事融为一体

陆澄问："主一之功，如读书则一心在读书上，接客则一心在接客上，可以为主一乎？"

先生曰："好色则一心在好色上，好贷则一心在好货上，可以为主一乎？是所谓逐物，非主一也。主一是专主一个天理。"

——《传习录》

要想把每一件事情做好，就要脚踏实地，不浮躁，让心与事融为一体，达到一种忘我的状态，才能将事情做得完美。

陆澄问王阳明："对于专注的功夫，是不是读书就一心用在读书山上，招待客人就将心思都用在招待客人上，这能不能说就是专注？"王阳明回答："如果喜欢美色，就一心将功夫用在美色上，如果贪财就一心沉迷于贪财之上，这哪里能叫作专注。这完全叫作追逐物欲，根本就不专注。所谓专注，就是让自己的心完全符合事物的规律。"

王阳明认为，每一个人的心只有与所做的事情融为一体，才能说是真正的专注，才可以进入到那种自然而宁静的境界。就像他回答一位朋友提问的一样，致吾心内在的良知功夫，是不能急于求成的，如果能掌握本心的主宰之处，并切合实际的用功，就会体悟透彻。这个时候才能忘掉心外，心与事才能达到合一的境界。

1517年，大明朝正在进行大规模的剿匪行动，土匪们逃窜到象湖山一带，割据一方，难以应付。此时福建和广东两省的领兵之人对作战发生分歧，一方认为土匪逃入山中，占据有利地形，但是却是惊弓之鸟，应该立刻趁机作战，向大山发起总攻。而以广东为首的另一方却认为官兵在大山之中作战有很多不利，要等到秋后，等援兵来了再作战。王阳明听后对福建的部队说，敌人已经进了大山，地形对他们非常有利，如果强攻会导致敌人背水一战，不是上策。而广州官兵在敌人面前太多畏首畏尾，也不是上策。

王阳明分析了敌人的情况之后，给双方的将士下达命令，第一，要麻痹敌人，让所有的部队向外宣扬，土匪进山不打了，等到秋后再说，要求犒赏三军，并做出部队要解散的样子，但是强调部队不能走太远，必须要保证一声令下能够很快集结起来。第二，让两支部队在暗中加紧操练，加紧备战，派出士兵打探土匪的情况，只要发现时机就立即出兵攻击。第三，所有部队必须随时准备迅速集结。第四，部队的分工要明确。第五，在作战之时，要以敌军的首领为主要目标。第六，两支部队不能再有分歧，必须思想统一，行动统一。

王阳明下达这样的命令之后不久，战斗发生了转机，机会终于到来了，那些表面被解散的士兵都去种地了，土匪看到之后心中自然产生了懈怠。没有过去多少天，王阳明就以护送官员的名义，调集了一千五百名精兵强将突然对象湖山发起了总攻，紧接着后面的四千多援军也都到了，王阳明亲自率领军队赶到作战的前方，指挥战斗，布置任务，包围象湖山。两军对垒，战斗异常激烈。几个小时之后，象湖山被王阳明攻克，那些土匪纷纷四处逃窜，首领也被活捉。

在漳南的这场战役之中，攻克象湖山是其中关键的一场战争。王阳明在这里消灭了敌人的有生力量，从而转变了战局，剩下的事情就是去围剿那些逃跑的土匪了。又经过了一个月的作战，部队集结在一起将土匪的余党都一一消费，自此王阳明清除了十几年的匪祸。

十五岁的时候，王阳明就对兵法产生了非常浓厚的兴趣，不仅熟读兵法，还对当时的边关的战役非常关心，那时候正值少年的他独自一人骑马去边关考察，回来后便将自己在边关所感受的写成奏折要求父亲上疏给皇帝。当然他的父亲没有同意，他一个少年怎么可以上疏皇帝，这在他父亲眼中简直是无稽之谈。但是王阳明这种将书本的知识付诸实践之中，并让自己全身心去体验的精神却伴随了他的一生。后来王阳明遇到许璋开始专心攻读兵书，学习兵法，一发而不可收。在家中他会用瓜子花生等进行排兵布阵，在客人那里会与他们一起讨论兵法。从这些也可以看出，王阳明在对待任何学问面前，都能够让自己全身心投入，全身心体验，其实也就是知行合一的重要表现。

学习知识贵在践行，在政治中学习政治，在战争中学习战争。王阳明在这次剿匪当中，特别强调了两军的配合，并强调福建与广东的两个部队务必配合完美，切不可让土匪逃入广东与福建的深山之中，一定要切断他们的后路，让这些土匪之间不能联络，然后再进行各个击破。将知识与实践融为一体，全身心去体验，去学习，去实践，王阳明指挥的剿匪战役才能够获得如此的完胜，可以说是他知行合一思想的最好诠释。

一个人在学习和工作之中离不开有效的思考，但是也需要全身心去投入，去体验，只有如此，才能将潜力投入到行动之中，才能跑得更快，最终达到自己的目标。

3. 在行动中修正自己的想法

知是行的主意，行是知的功夫；知是行之始，行是知之成。

——《传习录》

一个人有了想法，还要去行动。任何事情想要成功，都必须付诸行动，不行动就无法修正要走的路，所谓实践出真知。

有再出色的能力，有再丰富的知识，不行动也无法实现人生的价值。

王阳明告诉学生，如果你想知道西红柿的味道，那就必须去亲自品尝才能知道。其实这就是所说的实践出真知的道理。王阳明从小开始就是一个善于行动的人。1489年他带着新婚一年的妻子回老家的路上拜访娄谅，娄谅告诉他一草一木都有道理，必须格才能知道，于是王阳明便开始格竹子，一连七天七夜，结果自己就格出了幻觉，还有幻听。他仿佛听到竹子在埋怨他："我的道理是如此的简单，你怎么就不能格出来呢？"

王阳明听后十分懊丧，他想要告诉竹子自己的难处，但是却听到园中的竹子开始哄堂大笑，它们的笑声好像是在取笑他，而且带着明显的挑衅，王阳明真的发怒了，他用尽力气大喊，你们根本就没有道理，我从何格出来。但是他不知道这些话他根本就没有喊出来，他的体力早已经透支，最后双眼发黑倒在了地上。几日之后，他的身体稍微恢复了一些，当他走进园子中，再次看到那些竹子的时候，开始反省自己，也就是从那时候开始怀疑朱熹的"格物致知"其实是存在问题的。

后来他找到跟他一起格竹子的同学，告诉他，朱熹的"格物致知"很可能是错误的，结果那位仁兄听后立刻惊诧地说王阳明肯定是走火入魔了，朱熹的理学是当时科考的课本，怎么可能错了呢。但是王阳明经过冷静分析后却说："不要说我们没有格出竹子之中的道理，就算是格出来了又如何呢？朱熹说，一草一木都有道理，按照这道理去格，就算是格到死，也看不到圣贤的一个影子。想想格竹子都这么难，何况天下万物呢？况且就算是我们格出了竹子当中的道理，如果那个道理我们都不认可，那又该如何呢？是把它丢掉，还是要违心地承认这道理呢？”

他的那位同学听后，感觉王阳明的话太惊世骇俗了，觉得王阳明不能格出竹子中的道理就说朱熹的理学是错误的，根本就是无稽之谈，这只不过是说明他们自己没有这个天分罢了，无论如何朱熹的理论都是没有任何差错的。王阳明听后只得叹息地说：“我真希望你说的对，但是不管我有没有天分，都不能通过朱熹这条路成为圣贤，这对我来说，就是死路一条。”

在经历了格竹子事件之后，王阳明陷入到一种彷徨的痛苦之中，再也没有了以前对朱熹理学的那种狂热，而是经过一段时间之后，他便开始将方向转向别处，这就是王阳明，此路不通，另寻他路，他绝不会在一条路上走到黑。

接下来的王阳明开始参加科考，1492年乡试，他以优异的成绩金榜题名，但是到了1493的北京会试却名落孙山。尽管他那时候的心情有些沉重，但是却没有一丁点的哀伤，因为他已经将心思放在了道家养生和佛学的思想之中，他心中想到的是朱熹理学既然没有什么诀窍，那就另辟蹊径在道教与佛教之中寻找成为圣人的光明道路。

一年的时间，他将所有的心思都放在道教与佛教之中，但是此路在会试失败后便结束了。他又开始钻研诗歌文章，想通过辞章为天下万民立心，留下千古之言。这种钻研不带任何功利，是十分虔诚的，他日夜苦读，甚至将身体都搞垮了，他父亲不得不每晚强迫他去休息。到了1494年，他离开北京回到老家浙江余姚，组织了龙泉诗社，每天与诗词文章打交道，发誓要通过此路成为圣人。

后来王阳明得知浙江余姚有一位奇人名叫许璋，于是便去拜访，此人以前也琢磨不透朱熹的理学真谛，所以抛弃之后改学军事和奇幻法术。等两个人见面，许璋听说王阳明想要通过辞章立业，摇头告诉他，辞章不过是小计，想要成为圣贤需要建功立业。从此王阳明便丢弃辞章的研究，开始一心一意地学习兵法，而许璋也将毕生所学的兵法毫无保留地传授给了他。

1495年，回到京城的王阳明虽然准备第二次会试，但是心思依然全部在军事的钻研之上，这也导致了他第二次会试失败。到了1498年，已经二十六岁的王阳明再次回到了朱熹的理学门下。这时候已经距他格竹子过去了六年之久，距拜访娄谅过去了九年之久。或许上天眷顾他吧，在一次不经意翻看理学典籍的时候，他看到了朱熹的一封信，信中说："虔诚的坚持唯一志向，是读书之本，循序渐进，是读书的方法。"

王阳明从此才领悟到志向需要坚持，不可以在各个领域之间跳来跳去，学问需要循序渐进地去研究。从此他又一次开始了对朱熹理学“格物致知”的认真钻研。

实践出真知，无论什么样的想法只有在行动中才能得到检验，才能去修正其中的错误，才可以找到实现理想的正确之路。

4. 负面情绪也可以化为积极行动

处朋友，务相下则得益，相上则损。

——《传习录》

结交朋友，要做到互相谦让，这样彼此获得益处；如果相互攀比，就会彼此伤害。想要做成一件事情也是一样，必须摆脱那些负面的情绪，以一种积极的态度去面对，方可将事情做好。

王阳明上疏得罪宦官刘瑾，紧接着被廷杖四十，然后扔到了锦衣卫的大牢，这件事情可以说尽人皆知。那时候的王阳明体弱多病，并且他也不会武功，更不会什么硬气功，刘瑾这四十廷杖打得这位官二代简直是丢了多半个性命。等到锦衣卫将他扔入大牢之后，他已经是气息奄奄。不知道过了多久，他才悠悠然醒来，但是他看到的世界已经不是从前的那个世界了。

如今所在的世界暗无天日，臭气熏天，就跟地狱差不多，以前他在刑部任职期间也曾见识过，可是这锦衣卫的大牢要比刑部大牢的环境更差。稍微熟悉点历史的人都知道，锦衣卫的大牢被人们形容成诏狱，可想而知那里的环境是多么的差。很多人都知道这诏狱只要进去了，就很少有人能活着出来。

在幽暗潮湿的牢房之中，王阳明的心中升起一种异样的感觉。那个少年时代就埋藏在心中的圣人理想如今已经消失不见，他的心变得如同浑水一般，有着无法言说的五味杂陈。四十廷杖带给王阳明屁股的伤痛让他日夜都无法入睡，加上心理压力，这位平常养尊处优的王大人此时在这人间最黑暗的锦衣卫大牢之中，彻夜难眠，苦不堪言。其实这些都是可以理解的，当一个人面临如此的环境，就算是大罗神仙心中也难免起变化，何况肉体凡胎。

一日在牢房之中，他看到从牢房的一角倾泻而下的一束月光，在那束月光之下，他勉强站立起来，想起自己的前半生，禁不住潸然泪下。他想到自己一封上疏却落得个这样凄惨的下场，他想到自己曾经的那些理想，想到自己从小就立志做圣人，而今在这没有四季的牢房之中，光线惨淡，他该如何面对这人生中想都没想到过的境地呢？

或许人只有在面临生死的时候才会领悟到人生的一些真谛，王阳明面对凄惨的牢房生涯，他不知道自己的生命还有多长，他也不知道要在这个地方呆上多久，他开始重新思考人生，思考自己的圣贤之路。他想到了《周易》，《周易》本是周文王在牢狱之中写的卦书，里边暗藏了人生的诸多玄机，如果可以读透此书，便可趋吉避凶。也有人说这本书乃是君子的修身宝典。身陷囹圄的王阳明也想参透其中的奥妙，便开始每日刻苦钻研。他读着、思考着，心中不觉得豁然开朗。

周文王能在狱中写下如此著作，而他苦苦追寻的那些圣人在这样的环境之中又该做些什么呢？王阳明想到自己的理想，想到自己的志向，心中的沮丧，心中的悲切，以及那些心中的胸中的浑水变得清澈起来，他重新认识自己所处的环境，并将这些看作自己圣贤之路上的考验，并开始在锦衣卫的大牢之中为狱友讲学，鼓励他们战胜环境，保持君子的风范，时刻想着圣贤之书。

到了1507年，王阳明终于迎来了出狱的日子，但是在锦衣卫大牢这般厄运的日子结束，等待他的却并不是光明的未来，而是另一场生死考验，这场生死考验一点也不亚于锦衣卫的诏狱。一纸诏书，让王阳明瞬间被革去所有官职，贬谪到贵州龙场做驿丞，他的朋友听说之后个个脸色大变。而湛若水在当时大明朝地图的最南端费了好大劲才找到龙场驿站的时候，非常沮丧地对王阳明说：“你去的龙场驿站根本就是非人类居住的地方，这 去恐怕是凶多吉少啊……”

王阳明听后安慰朋友们说：“锦衣卫的大牢都住过了，那山水遥远的贵州龙场算不得什么。况且既然国家在那个地方设立了驿站，就证明有人居住。别人能生活在那里，我为什么不能呢？锦衣卫大牢那样的地方我不也挺过来了吗？”然后却反过来嘱咐朋友们在以后的日子里，不要放弃读圣贤书，要将身心之学发扬光大。

朋友们听了王阳明的话都觉得十分惭愧，作为一个生死未卜的人，都不忘记身心之学，而他们这些在风平浪静之中稳稳妥妥地生活的人，有什么理由沮丧呢。这就是王阳明，一个特立独行，一个非同寻常的王阳明，他的大半生都在追寻如何成为圣人，他从未对自己的理想和生活绝望过，就算是遇到什么不好的境况，他也会很快从负面的情绪之中走出来，重新步入追寻梦想的路上。从科举失败到流放龙场，他的人生之路有着说不尽的曲折，可是他依然勇敢前行，从不放弃。

每个人在生活和工作当中都会遇到诸多的不如意，想要成功，就要摆脱那些不如意带给自己的负面情绪，并将其转化为正能量，鼓起勇气，超越自己，完成梦想。

5. 做自己认为有价值的事情

曰："未便是中，莫亦是求中功夫？"

先生曰："只要去人欲、存天理，方是功夫。静时念念去人欲、存天理，动时念念去人欲、存天理，不管宁静不宁静。"

——《传习录》

做人做事，只有去掉那些乱七八糟的想法，才能让自己平静下来，才能避免犯错，才能获得进步。

陆澄问先生："喜怒哀乐这些情绪还没有发生就是中，宁静也是求得'中'的境界功夫吗？"王阳明回答："只有将心中那些乱七八糟的念头去掉，修养心性，认识天地万物的自然规律，这才是真正的功夫。也就是说，人不仅要在心内安静时这样去做，在心动的时候也不要忘记按这样去做，而不去理会静或者不静，才能真正认识自己的内心，去做自己该做的事情。"

王阳明被贬谪到贵州龙场，在他躲过了刘瑾的追杀，不辞辛苦，翻山越岭来到贵州这个深山之中的龙场之时，龙场驿站的老站长用一种他们想象不到的兴奋心情热情接待了他们。这位老站长其实并不是真的这么热情接待他这位不远万里从京城流放而来的官员，而是他兴奋自己的差事终于有人来接替了。因为兴奋，也因为对于王阳明的同情，这位老站长将自己在这里三年的生存经验全部无条件地传授给了王阳明。而这些生存的经验对于他来说，只要走出这驿站，根本就没有其他用途，也无需保留什么。

他告诉王阳明在这里想要生活下去，就要注意五点：第一，不能和陌生人说话。这里住的都是少数民族，与中原的人完全没有语言上的沟通，而且他们发起火来异常凶猛，非常要命的是他们好像时时刻刻都在发火。除了少数民族，就算是中原人，也不要轻易与他们说话，因为这些人大多都是亡命之徒，要不就是逃避官府制裁的人。这些人个个心狠手辣，比那些少数民族强不到哪里。第二，这个地方空气质量相当差，是一个瘴疠肆虐之地，所以要尤其注意早上和晚上瘴疠之气四处飘散，稍不留意就会中毒，威胁到生命。第三，这里是野生动物园，什么熊出没，老虎豹子觅食都可能出现。第四，这里是属于荒芜之地，尽管大明朝规定驿站必须由政府供应粮食，但是政府供应的粮食一年才来一次，想要生存就必须学会种植谷物蔬菜，在这里自力更生非常重要。第五，那就是既来之则安之，否则总有一天会把小命交待到这个荒芜的大山之中。

老站长传授完经验之后，乐呵呵地收拾好行李拍拍屁股一走了之，剩下王阳明和他的随行人员傻愣愣地看着这穷山恶水之地。对于刚刚到达龙场的王阳明而言，并没有那么多时间发表感慨，表达自己内心的那份失落，因为他们面临着吃喝住行等一切问题。没办法，将那些失落与悲苦暂且抛到九霄云外吧，毕竟生存才是第一要素。于是乎他们不分主仆，开始搭建茅草屋，去森林里找吃的，不和土著族说话，在瘴疠横行的时候用仅有的医学知识采集药材祛除瘴疠之毒，还有就是开垦土地，种植蔬菜粮食。

王阳明面对如此的恶劣环境，并没有像在锦衣卫的大牢之中那样哀怨，他同样想圣人在这样的环境之中该怎么办，他依然将这里当作自己追寻圣人之路上的考验。很快他就将自己心中那点滴的负面情绪抚平，转而化作前行的力量。为了缓解随行人员的压力，他将自己居住的山洞、搭建的茅草屋等等都起了一个特别雅致的名字，后来他还发现前任所说的土著族并没有那么野蛮，其实他们只是表面上粗野，而心思却跟孩子一般单纯，并且性格直爽。在王阳明心中，这些少数民族的良知根本就没有泯灭，所以他慢慢与之接触，教他们种菜种粮，教他们盖房子。

如果说此时的王阳明内心已经非常强大，已经超脱了荣辱得失，但是他毕竟是个肉体凡胎，面对这样的环境总会有心情起伏的时候。每每这个时候，他就开始静下心来打坐，并为自己打造了一副石棺，用心去参透生死之间的奥秘。终于在某一天的夜晚，他悟出了人生的真谛——“圣人之道，吾性自足”，并开始在这里讲学，开始他只是请那些少数民族来听，并没有多想，但是没想到后来他讲学的事情逐渐被周边知晓，很多人都慕名前来听讲。

龙场悟道，有人说是王阳明道家思想的结晶，有人说是禅悟，有人说是儒家的思想与心学思想的碰撞。其实这些并不重要，重要的是王阳明从此建立了自己的心学，并影响了之后五百年来的中国人民。在龙场王阳明能够将负面情绪转化为追寻梦想的正能量，可以说得益于锦衣卫诏狱那时候的内心的思想斗争。可以说，如果没有那时候的王阳明，就没有龙场悟道的王阳明。

人这一生都会经历一些坎坷，都有受到负面情绪的影响，关键是在于如何将负面情绪转化为正能量，以此发挥自己的潜力，超越自己，成就自己。

6. 改变自己没有你想象中难

日孚曰：“先儒谓‘一草一木皆有理，不可不察’，何如？”

先生曰：“夫我则不暇。公且先去理会自己性情，须能尽人性，然后能尽物之性。”

——《传习录》

做人最重要的是要认清自己的本性，只有真正认识了自己，才可以发挥个人的智慧，才可以做好生命中的每一件事。

梁日孚问王阳明，北宋时期的程颐认为这世间的一草一木都有一定的规律，不能不仔细观察，您觉得这个看法对不对？王阳明回答说，对于我来说，并没有这样的闲暇功夫。你还是先去修养自己的心性吧。一个人只有对人的心性看透了，才能参透这世间万物的性质和特点。想要做好事情，必须先改变自己，提升自己的能力，促进自己的人格，方能发挥自己的能力，做好每一件事。

王阳明在庐陵担任县令的时候，抓到了一个罪恶滔天的大盗，谁知道这个大盗无论哪一套都不吃，各种讯问均强烈抵抗。后来王阳明便亲自审问这个大盗，结果此大盗摆出了一副天不怕地不怕的架势，根本就是死猪不怕开水烫，看到王阳明开口就说："要杀要剐随便你，何必那么多废话！"

王阳明听后也没有生气，就跟大盗说："那好吧，今天就不审你了。不过，你看这天气这么热，你还是把外衣脱掉吧，咱们随便聊聊。"大盗听完之后态度依然很强硬地说："脱就脱，这有什么。"过了一会，王阳明又说："天气实在是太热了，你不如把内衣也脱了吧！"大盗听后还是一副不以为然的样子随即将内衣脱掉说："光着膀子也没什么大不了的，我反正也经常这样，无所谓！"

又过去了一会，王阳明走过来跟这位江洋大盗说："都光膀子了，不如你把内裤也脱了吧，一丝不挂岂不是更加自在？"大盗一听这话，再也没有了刚才的满不在乎和豪爽之气，慌忙摆着手说："这可不行，不方便，不方便！"王阳明听后说："有什么不方便的？你死都不惧怕，还在乎这么一条内裤吗？看来你不不是没有廉耻之心啊，到底还是有一点点良知的，而且你并非也是一无是处呀！”盗贼听后脸立刻红了起来。

改变自己并没有想象中那么难，一个无法无天的盗贼尚且知道羞耻，何况平常的人。1500年，王阳明在刑部任职，没有在刑部之前他觉得生活之中充满阳光，但是当他进入到刑部的大牢之时，才明白哪里才是真正的黑暗之处。而与监狱的黑暗相比，他自己精神上所追求的圣人之道受的那些苦根本就不算什么。因为当他进入刑部大牢的时候，他就立刻被牢中的情景惊呆了。可是看管刑部大牢的人却跟他说：“大人，不要这么惊诧，您都没去过锦衣卫的大牢呢，这里跟那里相比，简直就是天堂了。”

王阳明那一刻被一种无法预见的恐惧所折磨，他知道自己根本就没有办法改变这些人的命运，就像是他久久都不能找到圣贤之路一样，他唯一能做的就是按自己的良心，做自己该做的事情。有一天，他发现监狱的看管人员抬着一个大桶到了牢房的后面，当他悄悄跟上却发现后面居然有一个养猪场，而那些看管监狱的人正在将给犯人吃的食物倒入猪槽之中，王阳明非常奇怪，便询问此事。结果人家告诉他，这猪乃是刑部养的，吃的嘛，全部都是那些犯人的食物。

王阳明非常恼火地质问那些犯人吃什么？被问的人满脸冷静

地回答说，犯人早晚都要死，少吃点也无妨，这猪喂好了，还可以杀了吃肉呢。王阳明在仕途之中感觉到一种无奈和身心疲惫，于是在1501年辞职请假去了九华山修道。

1502年的王阳明已经31岁了，追寻圣贤的路也走了二十多年，这二十多年的心路历程已经足以让他将红尘和世俗抛到脑后，但是他找不到打开理学的那把神秘钥匙，而苦苦追寻的佛道让他放弃一切，但是他依然不能放弃自己的家人，他本就是一个儒家弟子，而儒家的第一道德就是要孝，他根本无法说服自己违背这些。九华山静坐当中，猛然间他醒悟："亲情与生俱来，如果真的能抛弃，那不就是断灭了种性吗？"于是乎，他走出洞外回归俗世，跟佛道说了一句拜拜。

兜兜转转，王阳明终于明白所谓的洒脱，就是要不断改变自己，该放手的就放手，不必计较自己付出了多少。说放就放，王阳明连一个犹豫的神色都没有，终于又回归了平凡的世界，开始了他的建功立业，重新步入追寻圣人的路上。

做人要懂得放弃，才有日后的得到。如果你在付出的人和事上没有得到人生的价值和快乐，那么对于自己而言，那就是包袱。放下包袱，改变自己，才能获得轻松，才能继续向前走。

7. 了解未来，学会变通

问：“圣人应变不穷，莫亦是预先讲求否？”

先生曰：“如何讲求得许多？圣人之心如明镜，只是一个明，则随感而应，无物不照。未有已往之形尚在，未照之形先具者。”

——《传习录》

做人，只有认清自己，才可以让心灵超然自在，才可以从容不迫地应对各种情况。

陆澄问先生：“圣人可以应对无穷，难道是可以预知未来吗？”王阳明回答说：“圣人也是人，如何能研究那么多呢？只不过圣人的心就跟明镜一般，可以随着自己的感受去处理各种事情罢了，任何事物来到面前，都能够真实地映照出来。过去的事情还停留在心中，没有来到的事情也预先存储在了心中，这便是圣人了。”

大家都知道赣南的土匪原来在朝廷少则几万、多则数十万的剿匪部队面前几乎都不曾动摇，但是王阳明到了之后仅指挥一万多官兵便将这些土匪打得落花流水。那么到底是什么让王阳明能在剿匪之中创造如此的军事奇迹呢？

1518年四月的一天，王阳明邀请自己的学生喝酒，在席间，他非常真诚地对学生们说：“非常感谢各位。”所有的学生当时都非常吃惊，纷纷说："老师，我们又没有帮到您什么，怎么还谢谢我们呢？"就在学生们感到惭愧的时候，王阳明说："刚刚来赣州上任的时候，经常担心自己会办错事，所以非常谨慎。当我一个人静坐回忆赏罚之时，总觉得哪些地方不妥，但是与同学们坐在一起，便感觉所有的赏罚都是无愧于心，这就是同学们帮助我的地方。"

当然，赣南剿匪的成功不能完全依托赏罚公正，其实全盘的胜利主要依靠的还是王阳明非凡的军事才能以及他对战事的判断和变通。在此次的赣南之战中，王阳明在军事上有三个过人之处。

第一，不注重形式，而注重实质。在王阳明之前来剿匪的官员每次都是调动了四省部队，场面宏大，但是每一次都失败而归。王阳明来到赣南了解到南赣地区属于千山万壑的地方，如果让大部队纵横驰骋，根本无法施展，又何来成功呢。他所用的部队都是机动部队，总数也就一万人，他认真考察，作出研判，这群土匪都没有经过什么专业的训练，所以真正野战根本不堪一击，之所以能够长久猖獗，完全依仗的是地势，想要攻克敌军，只需要一支能征善战的机动部队就够了。

第二，以土匪打土匪。在大明朝，所有的部队都没有经过山地战争的训练，因为王牌军都是为了抵御外国入侵，如果说是在平原打战，可能真的英勇善战，但是在这大山之中和土匪玩游击战术，那就基本玩完了。所以王阳明在此次战役之中启用受降的卢珂，以毒攻毒，因为他知道最了解土匪的就是土匪，这样的变通作战，让王阳明赢得了战机。

第三，王阳明善用心理战术，无论是平定宁王谋反还是此次的剿匪，他都将心理战术发挥得淋漓尽致。在真真假假、虚虚实实之中，让敌人永远都找不到北。王阳明毕竟是儒家弟子，他用儒家的眼光去看赣南地区，觉得道德是灵丹妙药。他觉得一个人生活的环境对个人的道德和行为的影响是非常深远的，所以他以道德约束来治理赣南。当然他不会跟这些居民区讲，因为他知道对这些人而言大道理根本也没什么作用，不如改变大环境来得实在。所以，他立下了《南赣乡约》。

《南赣乡约》规定，每一乡的领导人都要负责管辖区域中的居民，帮助解决居民的疑难问题，如果发现有人作奸犯科就要及时禀报，否则就有连带责任。每一乡的领导具有管辖居民的权利，如果有官兵等前来骚扰，要立刻报告，政府就要追求其责任。每一乡的领导要奉劝那些刁民改过自新，恪守本分，否则也要第一时间向官府汇报。最后，每一乡的领导还拥有管辖该区域所有事宜的责任，什么经济、婚丧嫁娶都要管理。

世上无难事，只怕有心人。王阳明在赣南的这些约定看上去有一些让乡民自治的意思，其实这也是他过人的地方。他看到这个地区存在的弱点，存在的缺陷，所以他用一种变通的手法去治理，强迫人民居住的大环境改善，从而改变每一个普通的乡民。消灭山贼，教化百姓，他用自己的真心和使命做自己认为正确的事情，不是剿匪完成后选择拍拍屁股走人，而是看到了这里的长期发展，让老百姓在一个太平世界之中生活。

在这个信息爆炸，生活节奏越来越快的时代，我们每一个人都应该放慢前行的脚步，好好观察自己，认识自己，认识未来，学会变通，冷静地处理遇到的所有事情，让心灵得到升华，游刃有余地面对当前强大的生活压力。

第六章

坚持自己，更要能包容别人

1. 你是天，你是地，你能坚持，也能包容

及至吾身与吾亲，更不得分别彼此厚薄。盖以仁民爱物，皆从此出；此处可忍，更无所不忍矣。

——《传习录》

作为单位领导，能够大肚能容，方能得到人心。包容别人，就是为自己留后路，做人只有容别人过错，念别人功德，体谅别人的短处，赞扬别人的长处，自己才能得到别人的回报，才可以将事业做得辉煌起来。

1522年，一位泰州的商人穿着奇装异服来见王阳明，想要向他求解心学，并拜王阳明为师。王阳明向来广收学生，所以也没有推辞就答应了下来。谁也没有想到，这位穿着奇特的泰州商人学习了一段时间之后，竟然打算另起炉灶，自立门户，于是乎，此人便独自出去游历，并开始了讲学。当然他的那身装束依然是堪称奇葩。

此人临走之前，王阳明问他为什么喜欢穿如此古怪的衣服？此人回答道："我之所以穿成这样，都是为了反对理学之中的陈

规陋习，传扬心学所为。”王阳明听完之后，心中明白这是他为自己另立门户所找的借口罢了，于是毫不留情地当面戳穿他的谎话，说道：“我看不是因为这些原因，应该是你怕别人看不起你，才想出来这招，穿上奇特的衣服吸引别人的目光。你要知道，一个人想要出人头地，想要做出一番事业，是不能靠旁门左道获取成功的。”这人听了之后，脸上极其挂不住，便黑一阵红一阵，就像是在众人面前被扒光了衣服一般觉得羞愧难当，恨不得有条地缝让自己钻进去。

计划被老师看穿，哪还有什么脸面留在这里继续求学呢？此人决定偷偷独自离去，再也不这样在老师面前丢人了。但是王阳明却并没有跟他计较，相反却找到他，并好言相劝让他留下来认真学习知识。这人看到老师这般对他宽容，心中不觉得十分感动，于是下定决心洗心革面，再也不穿什么奇装异服了，只是一心求学，最终将那些乌七八糟的坏念头都抛弃了，并成为了王阳明最得意的学生。此人便是后来泰州学派的创始人——王艮！

对于包容和坚持，王阳明向来就有自己的一番理解和哲学。1519年，王阳明将谋反的宁王朱宸濠活捉，然后将收复南昌与活捉宁王的事情分为两道报捷书送往京城，其实他是不想夸耀自己的功劳，而是让皇帝自省，从此洗心革面，不再自私任性。谁承想这昏庸的皇帝竟然决定御驾亲征，战争已经结束还御驾亲征做什么，其实他不过是打着幌子想去江南玩耍罢了。王阳明明白，尽管宁王被捉，但是他手下的很多官兵都逃跑了，如果这些乱臣贼子知道皇帝要御驾亲征，还不得半路玩刺杀吗？为了皇帝的安全，为了江山社稷，于是乎他再次上疏皇帝说明情况，奉劝皇帝不要来江南。

皇帝哪里听王阳明的这一套，一心还是去江南，所以派锦衣卫手持威武大将军的手牌去见王阳明，想让王阳明将宁王放在鄱阳湖，然后再让自己将宁王捉住。如此下三滥的手法也真亏得这位皇帝大人能使得出来。不过等到王阳明接到威武大将军的手牌之后并没有去和这位锦衣卫见面。王阳明的弟子们劝说他，手牌就相当于皇帝，应该赶紧相见。但是王阳明却说手牌是手牌，怎么可能与皇帝是一样的呢。大将军是武官，我是文官，文武不属于一个机构，我为什么要迎接他。最后经不住学生的苦劝，他最终还是派了一个人去见锦衣卫。

最终王阳明没有将朱宸濠交给这些乱臣贼子，但是他得到的结果就是被诬陷与宁王一起谋反，陷在诬陷的漩涡之中。于是，他选择了让自己退隐到九华山。他知道在这些奸臣和昏庸的皇帝面前自己无法讨得半点好处，所以隐退是最好的办法。就在他上九华山修道的时候，京城的民政局副局长乔宇来到了九华山，告诉王阳明皇帝与江彬打猎，结果发生了事情，虽然有惊无险，但是侍卫是在一个山洞之中才找到狼狈不堪的皇帝。王阳明听后内心知道皇帝御驾亲征的危险性，所以他抛开所有的念头，为了大明朝的皇帝，为了大明朝的江山，他选择立刻行动起来。

1520年，他开始集结赣州的兵力进行声势浩大的军事演习，以此来震慑那些有非分之想的狂徒与奸臣。王阳明的弟子奉劝他如此声势浩大地搞军事演习，小心那些奸臣们又要拿此说话，来诬陷他。王阳明怎么能不明白这些道理呢？于是他跟学生们说："我这样做也是不得已而为之，我这是要警告那些小人不要有什么贼心，不要打皇上的主意。坚持做自己该做的就是良知，包容皇帝的荒唐行为乃是做臣子的本分。对于那些别有用心的人而言，就算是我不这样搞什么军事演习，他们想找麻烦，依然会找得到。"

做人做事，除了坚持，还有一颗包容别人的心。人只有懂得包容别人，才能得到别人的尊重，才可以将事情做好，才能让事业发展得顺利。

2. 大事坚持大是，小事不念小非

门人在座，有动止甚矜持者。先生曰："人若矜持太过，终是有弊。"

曰："矜得太过，如何有弊？"曰："人只有许多精神，若专在容貌上用功，则于中心照管不及者多矣。”

——《传习录》

人的生命和精力都是有限的，我们要将这有限的生命和精力用在最有价值的事情上，大是大非分明，小事糊涂，才可以最大限度地实现自己的人生价值。

1483年，王阳明来到京城，被父亲王华送到私塾读书。他本是一个顽皮的孩子，平常上课总是偷偷溜出去和街上的小孩子一起玩游戏。但是有一天他却认真问老师，什么才是天下第一等大事，老师告诉他，像他父亲那样登第做状元才是人生第一大事。其实在大明朝，所有的读书人也只能通过科举这一条路才可以实现自己的理想抱负，但是王阳明却非常特立独行地认为，读书做圣人才是人生第一大事。

这是王阳明人生之路上遇到的第一次选择。志向就像是一个人前行的舵手，它指引着一个人向决定的方向奋力前行，王阳明的这一生都在为自己的志向奋斗。到了1486年，在父亲眼中这个不务正业的少年又独自单枪匹马地私自去居庸关考察，而且跟那里的蒙古人打得一片火热。到了1488年，王阳明奉父亲大人的命令去江西迎娶自己的妻子，时隔一年他带着妻子回家，路过江西上饶拜会娄谅这位大理学家。

1493年王阳明参加会试失败，1496年第二次会试依然失败。

面对失败，别的同学都是痛哭流涕，但是王阳明却不以为然，在他心中读书做圣人才是人生大事，这种科举失败根本就是小事，不值得伤心。真正伤心的应该是因为落榜而动心才是。所以在两次落榜的时候，他选择从容面对，一直到1499年第三次会试，28岁的王阳明才榜上有名，进入仕途。

到了1508年，大明朝新皇帝登基，宦官刘瑾趁机得势，对于诸位大臣的上疏，他选择迎合皇帝，将国家的大权玩弄于股掌之中，对那些对他有意见的忠臣进行打击报复，并利用各种手段进行残害。王阳明身为六品小官，本可以全然置身事外，但是在大事面前他从不装糊涂，而是选择挺身而出，在所有人都不敢再进言的时候，他上疏皇帝，因此也成了刘瑾的眼中钉肉中刺，最终为自己招来了四十大棍和一场牢狱之灾。

在这件事情上，王阳明从未有过后悔，原本他不知道自己何时才能走出锦衣卫的牢房，却不曾想老天开眼，自己终于出得牢房。不过不久他又落得个流放贵州龙场的下场。尽管如此，他依然不弃不馁，在那里利用恶劣的条件修身养性，终于大彻大悟，修得正果。王阳明在偏僻的龙场开始了讲学生涯，而贵州龙场这荒芜之地也因他的讲学成为了周边最热闹的场所。面对前来听讲的各类学生，王阳明心中知道，有一些带着一颗虔诚的心，而也有一些只是慕名而来听听罢了。

在龙场悟道的王阳明经历了锦衣卫的大牢，而且正在体验着龙场的瘴疠和虎虫的侵袭以及缺衣少食的恶劣环境，他的心理已经非常强大了，所以面对那些前来听讲的学生，无论是怀着怎样的心态，都抱着一颗包容的心。在龙场三年之后，王阳明终于迎来了更好的机遇，他被调到了县城做县令。但是就在他刚刚上任的时候，他的公堂就迎来许许多多前来告状的老百姓，于是他决定取消葛布税赋，取消平常的税收，其实他明白，这样的决定会有可能得罪朝廷，但是他依然如此决定。然后他给皇帝上疏，告诉皇帝，如果要追究那就追究他一个人，他已经做好了准备承担这一切。还好那时候他的对手刘瑾已经接受了惩罚，而他也安然无事地渡过了这一关。

而后王阳明又经历了宁王叛乱，并平定叛乱拯救了大明朝。他用三万民兵对抗宁王的十万王牌军，以少胜多，挽救了大明朝，保住了那位昏庸的皇帝，可是换来的却是别人的诬陷，但是他依然淡然面对，包容皇帝的任性，包容皇帝的胡闹。不仅如此，他还是要为国家着想，为皇帝着想，拉出赣南的兵进行军事演习，用来威慑那些居心叵测的人，来保护皇帝。

后来大明朝的昏君朱厚照驾崩，新皇帝登基，很多人都渴望新皇帝可以改变以前的状况，但是对于王阳明平定宁王造反的诬陷仍在继续，王阳明依然选择淡然面对，专心讲学，一直到1529年的1月9日去世。当他去世的时候，对所有人说，此心光明。

想要不辜负自己的人生，就要学会坚持，将所有的时间和精力都用在有意义的事情上，大事面前坚持，小事面前糊涂，让自己的人生变得真正有意义。

3. 有所不为，才能真正有为

贪心生，责此志，即不贪。

——《示弟立志说》

一个人如果能够在高谈阔论的时候安静下来，能在自己最风光的时候收敛自己，能在生气的时候控制住自己的怒火，用心平气和的方式处理事情，那么这个人就具备忍耐力和智慧，以及强大的心灵。

南赣剿匪是王阳明在军事上创造的一个奇迹。当时蓝天凤这个土匪头子盘踞在桶冈。王阳明给政府写了一份报告："桶冈四面都是悬崖峭壁，山峰高耸入云，山林绝谷，不见日月。"不仅如此，在这桶冈的中心还有一大片适合种植粮食的土地，如果桶冈的山贼不打算出山，就算是大罗神仙来了也是无计可施。

要说桶冈没有进口当然也不是，从被俘虏的土匪中王阳明得知，桶冈有六个入口，但是其中的锁匙龙、葫芦洞、茶坑、十八磊、新地这五个入口都有土匪把守，而且上面都放置了滚石。不过还有一个进口需要绕半个月的时间才可以，并且，在以前约定一起夹击剿匪的湖广部队就是计划从这个入口进入山中。

但是当时对于王阳明来说他正在面临着麻烦事，因为他的军队在攻打左溪和横水的时候已经消耗了很大实力，现在如果强攻根本就是拿鸡蛋碰石头。而且如果他想攻打桶冈就必须从当前最危险的五个入口选其一，此时他能做的只能是等待湖广和广东的部队一起集结，再做打算。1517年，农历十月二十七日的夜晚，王阳明在自己的军帐之中思考着部队的必要休整，也必须找到一个安全地道，但是这桶冈附近是最不安全的地方，因为只要是敌人发现就会过来偷袭，那后果将不堪设想。如果选择撤兵，那么刚刚围剿横水和左溪的土匪就会因此重新复燃。

难题就摆在他的眼前，部队必须休整，现在最关键的就是要找到一处绝对安全的地方，这安全表面上是取决于桶冈。王阳明的心学讲的是心外无物，他想每一个人的安全都应该取决于自己。于是王阳明心生一计，写下一封招降书送给蓝天凤，并声称自己要在农历的十一月初一亲自去锁匙龙招降。

书信送到桶冈，立刻引起了轩然大波，因为此时的桶冈早就不是以前的桶冈了，横水和左溪逃跑的土匪都进到了这里，他们对王阳明招降强烈反对，并说这乃是王阳明的缓兵之计，桶冈绝不可以放松警惕，要趁此时进攻才为上策。蓝天凤看着招降书，听到曾经横水的大土匪头子这样说，不禁说道：“前几天你不是主张要闭门不出吗，怎么现在又要进攻？你的横水就是这么丢的吧？”

作为桶冈的土匪首领，蓝天凤绝对不是一个轻易就想投降的人，这桶冈占尽地利，如同铜墙铁壁，想要攻打岂是易事，只是这王阳明向来用兵诡异，完全跟原来的那些剿匪头头不一样，这一点让他担心不已。而且龙南的土匪回家做生意了，龙川的土匪卢珂如今已经加入到王阳明的部队，而且反攻横水和左溪，将昔日的土匪朋友打得落花流水。

蓝天凤面对招降书，心中左右为难，不知道该如何是好。而此时的王阳明料定招降书肯定会在桶冈内部引起风波，尽管他并不了解蓝天凤的为人，但是他却非常了解人心。此时王阳明的部队已经趁此机会得到了休养生息，而蓝天凤依然在山寨之中犹豫不决，进退两难。王阳明知道他的心此时已经混乱，攻心的目的已经达成。

就在约定招降的1517年十一月初一，王阳明下令属下带领数百人奔赴到锁匙龙山下，声称要在那里接受蓝天凤投降，并催促蓝天凤对招降书作出回复。而在另一面，他早就在头一天就下令赣州的知府领兵向茶坑奔去，吉安的知府伍文定则领兵径直进入新低，汀州知府同时也率兵到达了十八磊，广东潮州程乡知县也到了葫芦洞，四路兵马在夜色之中到达攻击地点，准备发起总攻。

初一的早上下起了大雨，蓝天凤拿着招降书心里开始莫名地空虚起来，他不知道现在要如何抉择，因为桶冈的土匪之中有人希望投降，而横水和左溪的那一部分坚决不投降，在这关键的时刻，他要作出决定，根本就不现实。到了中午时分，他还在处于两难的抉择之时，他的士兵来报，王阳明四路大兵攻山，如今已经有三处失守。想要抵抗为时已晚，经过一夜奋战，蓝天凤大势已去，一头栽入万丈悬崖，结束了自己的土匪生涯。

心外无物，一个人如果有诚心，能用心，能有所不为，这世界上就没有解决不了的难事。

4. 该退让就退让，没必要寸步不让

君子求退勿迟。

——《官讳经》

好强的人总是跃跃欲试，争强好胜，而随和的人却总可以淡然处之。争与不争是两种完全不同的处世态度，而后者则已经达

到了大公无私的境界。

1521年的三月，大明朝皇帝朱厚照在31岁的时候结束了自己荒唐的一生，他的执政带给忠臣太多的摧残，许多的人都将希望寄托到了新皇帝朱厚熜身上。新皇帝登基，朝廷的正气的确好了许多。而前任皇帝身边的那般红人如江彬等人也一一被抓了起来并被处死，这些举动可以说让全国上下无不大快人心。而作为参与平叛的王阳明此时也接到了朝廷的圣旨，新皇帝朱厚熜让他回京面圣。

王阳明心中当然跟其他人一样期盼着国家有一位明君，期盼着国家可以富足昌盛，所以接到圣旨便收拾好行李，离开南昌，向北京城进发。但是不知道为什么走到半路的王阳明却接到圣旨说暂停他的进宫面圣，也就是说我们这位大英雄王大人不能进京了。新皇帝这是怎么了，圣旨哪里有这样的，要知道皇帝那是金口玉言，怎么可以出尔反尔呢？但是皇帝就是这么做了，你又奈他如何？其实从这件事情上可以看出朝廷中有某些人不想他进京面圣，不想让他回到北京。

古往今来，宫廷中的争斗总没有停止过，何况新皇帝登基，难免有些位高权重之人彼此钩心斗角，拉帮结派，恨不得让别人都远远地离开皇帝，好让自己有亲近皇帝的机会，好让自己成为皇帝身边的红人。朝廷之中依然有人诬陷他为宁王朱宸濠的同党，依然有人相信那些流言蜚语，也或许有人根本就是拿这些子虚乌有的事情制造事端，目的就是不让王阳明回到北京。甚至有人说他是滥冒军功。新皇帝登基，在一场朝廷之中的权利斗争之下，王阳明就这样成为了朝堂争斗的牺牲品。

欲加之罪，何患无辞。王阳明不在乎那么流言蜚语，更不在乎什么嘉奖，也不在乎什么战绩，他觉得这一切都是自己该做的。他的心中有一个光明的世界，而其他的就随他去吧。此时的王阳明实际上对仕途已经没有兴趣，相反因为五年没有回家，对家人的思念却日益加重，所以他给新皇帝朱厚熜上疏，要求自己回家探亲。新皇帝朱厚熜很快批准了他的上疏，而王阳明也就乐颠颠地回到了绍兴老家。

从小到大，王阳明都是爷爷奶奶一手带大的，就在这五年期间，他的奶奶也去世了，而父亲也已经年迈。他深感遗憾，立刻到余姚祭奠自己的先祖。而就在此时，皇帝的圣旨又到了，圣旨上说王阳明平定宁王谋反有功，封他为新建伯。收到圣旨的日子，也是王阳明老父亲王华的生日那天，全家人都非常高兴。王阳明的父亲王华不无感慨地说："朱宸濠谋反，全家都认为我的儿子无法以那些乌合之众的民兵对抗宁王的十万精兵，所以在江西死定了。而后来他非但没死，却平息了谋反，可是各种流言蜚语和诬陷再次向他出击，家人都觉得他很难处理好，而如今没想到却被封官加爵，这是好事，是家里的喜事啊！"

王阳明听后记在心中，但是他明白这样的封赏不过是为了堵住天下百姓的悠悠之口，而对他的诬陷根本就没有澄清。什么封官晋爵，不过是皇帝不得不作出的决定罢了。看看那些跟自己一起平叛宁王的官员，没有一个拥有好的下场，他不想要这所谓的封官晋爵，所以他决定辞去封号。皇帝不准，他就再次上疏提出辞去封号，但是皇帝却采取了不理不睬的态度。

朝廷之中向来不乏心怀叵测之人，事情没有过去多长时间，就有人上疏皇帝说要摘去王阳明的封号，而且更有人要求朝廷对王阳明的心学进行打压。王阳明听了这些话心中平静如水，一点不作辩解，依然将自己沉浸在了讲学之中。他一心要将自己的心学发扬光大，而至于那些流言蜚语就让他们说去吧。王阳明的弟子们对此常常是打抱不平，但是王阳明告诉他们对这种事情不必争吵，并宣讲自己的良知之学。

“为而不争，天下莫能与之争。”王阳明从小立下大志，坚持对真理的探索，最终成为圣贤。这一生他因为自己性格中的正直和坚韧屡屡招来灾难，如今他弃官从文，将所有的精力投入到心学的研究之中。“不争”并不是意味着要放弃一切，而是以不争今日之利而争万世，不争眼下之利争天下。面对诽谤，面对诬陷，他选择退让，选择不争，他的内心充满了和平，所以他能感悟到人生很多的真谛，能够在中国的哲学思想上取得荣耀和显赫的成绩。

退让和不争是一种大智若愚的行为，是一种处世的姿态，就像水一样，虽然不争，却滋养了万物。所以说做人做事，懂得退让，懂得不争才是最高的境界。

5. 今天抱怨，将来一辈子都会抱怨

古人为治，先养得人心和平，然后作乐。

——《传习录》

想要做好事情，就必须先修身养性，在任何时候都让自己保持心平气和，不去抱怨，不去指责，才可以有所担当。

王阳明认为，一个人只有学会不去抱怨，才可以拥有平和的心态，才能够容忍别人的侮辱以及冒犯，才可以从容地接受人生之中的失败和挫折。一个人想要有所作为，那就必须学会不抱怨，心平气和地对待所有事情，这样才会有所担当，才会在遇到事情的时候调整好心态，从容面对。

1520年，王阳明终于通过自己的努力将“心学”理念发展到一个系统的阶段，并把“存天理，去人欲”作为了心学的终极目标。很多人都问王阳明一个问题，那就是到底如何才能成为道德

圣人？他给出的唯一方法就是让人“存天理，去人欲”。而这所有的一切，用王阳明自己的话来说，要非常感谢张忠那帮奸臣对他处心积虑的诬陷，在这场没有战火的争斗之中，王阳明毫发无损，而心学却又一次得到了飞跃，这就是“致良知”的正式提出。从此之后，王阳明什么都不再提，只说“致良知”。

“致良知”其实就是用良知去为人处世。王阳明的解释是，良知可以分清善恶是非，所以这良知就是天理。用自己心中的良知去面对万事万物，万事万物就得到了天理，那么所有的一切也就可以和平共处。关于“致良知”，王阳明的学生陈九川曾经向王阳明提出了一个困惑：“心学的功夫尽管已经掌握了一点点要领，但是想要寻得一块稳定快乐的地方，倒是一件难事。”

王阳明告诉他，你要是到心上去寻找一个天理，这就是所谓的“理障”。你要做的就是要“致良知”，你的那点良知便是你自己的行为准则。你的意念所到达的地方，是正确的便是正确的，是错误的便是错误的，不能有一丁点的隐瞒。只要你不去欺骗自己的良知，真切地依照自己的良知去做，如此就是存善去恶。此处是多么的稳定，多么的快活啊！

追溯王阳明创造的军事奇迹，其实是他在战争前多方面考察和搜集大量资料之后，对双方作战作出全面的考虑，然后用“致良知”的力量，下达战略部署，且绝不更改。因此王阳明认为，在每一个人心中都有一个能够分辨善恶的良知，做人不必依靠典籍，也不必依靠什么外在的方面去证明，良知在刹那间发作，那就是为人处世正确的答案。要想做好事情，就要相信自己的良知，按照良知的指引去做。只有这样才能不悔恨，不疑虑，不抱怨。

提及曾经张忠对他多方诬陷的事情，王阳明说如果没有他们对自己的百般迫害、百般诬陷，让他每一天都处在生死的风口浪尖，他怎能在那种极端恶劣的人为环境之中提出“致良知”？也有学生问王阳明：“老师面对张忠等人的迫害，还依然心系皇帝，难道这也是良知告诉你的吗？要知道人生在世，难免遇到诸多不公平的待遇，可是当遇到这些的时候，老师不是教导我们，应该为了正义去勇敢拼搏，不能做缩头乌龟，否则就算是活了千年，也不过是千年的禽兽罢了。如果说知行合一，那么老师面对张忠不公平的待遇以及朱厚照的昏庸，应该勇敢地反抗才对，而不是被人如此牵着鼻子走，到头来落得个扫平叛乱却没有得到任何荣誉的结果，任何人的良知都不会这样教导一个人这样做的。”

王阳明回答说：“我们应该将功名利禄以及得失荣辱看作浮云，要勇敢地去做事，不必计较事成之后的那些荣耀。皇帝做错了，皇帝昏庸，就像是我们父母做错事，我们不能抱怨，只能面对。有荣耀那是幸运，没有荣耀也无所谓。这就是良知给我们的答案。”

听上去，王阳明的“致良知”是如此的简单。可是王阳明对此却是十分担忧，用他自己的话说：“致良知就是因为如此简单，所以很多人都不会重视，而在现实生活中那些私欲却又太多，很多人可能因为私欲蒙蔽了自己的良知，导致最后走入歧途。”其实王阳明的担心是很有道理的，人人都明白的简单道理，但是当一件事情摆在眼前，因为内心之中的私欲以及环境的影响，很多人都会违背良知去做，所以致良知就是需要人“存天理，去人欲”。

王明阳在张忠那帮恶势力团伙的围困之中艰难地安然度过，靠的就是自己这种不动如山的心以及排忧解难的智慧。如果他那时候心生抱怨，心生怨恨，那么就会失去当时的淡然处之，就是自乱阵脚，很可能就会被张忠打倒。正是依靠良知，王阳明才从那些艰难之中走出来，最终悟得致良知的真谛。

> 一个人只有坦然面对挫折，淡然接受失败，不抱怨，才可以从挫折中总结经验，才可以提升自己的人生觉悟，才可以在人生的路上越走越宽阔。

6. 为什么有的人能够从容自在

若主宰定时，与天运一般不息，虽酬酢万变，常是从容自在，所谓“天君泰然，百体从令”。

——《传习录》

如果我们的思想总是处于混乱的状态，那么做任何事情都是忙得团团转。就算是没事的时候，心中那些毫无意义的念头也会不断浮现出来。这样生活工作都会感到很大的压力，就无法享受到人生的乐趣。

王阳明认为，心灵是身体以及行为的主宰，只有让心灵安定了，才会有天地运行的生生不息，就算是平常需要周旋和应酬，事务烦琐，也可以轻松从容面对。也就是说，只有让心灵达到一种泰然处之的境界，人的身体和言行才会遵从心灵的指引。

随着王阳明的学生越来越多，心学也被广泛传播了出去，而他在学术之中面对的敌人也开始逐渐增多。这些人说致良知不过是枯禅，因为禅宗讲人人都是佛，佛就在心中，不应该去心外寻找，而这些都跟王阳明的心学有着异曲同工之妙。而另一伙敌人来自朱熹的学生，他们发誓此生都要与王阳明做生死斗争。

1521年的八月份，王阳明在一片声讨之中回到浙江的余姚，开始广泛讲学，并不断地广纳门徒，天下之人都知道了心学。这种行为让他在学术界的敌人甚为恼怒，在这些人眼中王阳明的心学简直就是荒谬的，王阳明如此广收学生简直是恬不知耻。在大明王朝的国土之上，上至政府位高权重的人，下至平民百姓，他的敌人遍地都是，而他的学生以及追随他的人也是浩如烟海。面对这样的情景，面对学术界的敌对，王阳明淡然处之，因为他相信自己的良知，而其他都不重要。

王阳明曾经和学生们一起讨论为什么自己学术上的敌人在平定了朱宸濠之后如雨后春笋般层出不穷。有的弟子说，这是因为先生所建立的军事奇功，所以招来了很多人的妒忌，因为这些嫉妒而对先生产生恨意，所以才攻击先生。有的学生则说，因为先生的心学影响力越来越广，所以朱熹的那些门徒才会站起来反对全新的学术。更有学生说，因为先生拯救了大明王朝，根据辩证法，崇拜的人越多，反对的人也就越多。

王阳明听后说，大家说的都有道理，但是最根本的原因还是这些人没有发现良知的真正妙用。我确信只要按照良知所指引的去做，不仅心情愉快，心胸也会变得非常开阔。现在，就算是全天下所有的人都攻击我，都说我言行不一，也没有什么关系。做人真正的自信来自于良知，良知会告诉我们在什么时候该做什么样的事情，按照良知的指引尽管去做，不必计较，就可以从容自在。

1521年，新皇帝朱厚熜正与内阁大臣杨廷和因为“大礼仪”

事件而闹得不可开交。为了得到支持，皇帝下旨命令王阳明来京。接到圣旨的时候，王阳明正与学生们一起游山玩水。王阳明的仕途其实一直都是很不顺畅的，此时新皇帝让他入宫，他的心中起了波澜。他早已将荣辱得失看淡，但是国家需要自己的时候，又怎么可能推诿拒绝呢？他决定去北京，而学生们有的赞同；有的则反对，因为此时如果王阳明去京城，杨廷和一人把持权利，如果王阳明站在皇帝一边，无疑是孤家寡人，而皇帝到底年纪尚小，未来如何不得而知。

还有学生提醒王阳明，杨廷和乃是朱熹的门徒，而纵观朝堂之上，全部都是朱熹的门徒，如果老师进京，必定遭到朱熹门徒的反对，也无疑是进入了龙潭虎穴，尽管老师有良知，但是在江西讲学不是很好吗，何必去经历风浪呢？还有一些学生非常小心地问王阳明，难道老师有官瘾不成？

王阳明听后看着学生们回答道："我曾经给大家讲过，仕途就像是一张大网，只要进入就难免被沾上，所以最好的办法是站在网的边上看。但是这不是说让你不作为，是让你懂得进网去做自己该做的，然后抛弃功名利禄尽快转身。如今皇帝需要我，我虽然能力有限，也应该去实现自己的价值。"

就如王阳明的学生所说，杨廷和是绝对不会让王阳明进京的，因为他深知王阳明不是一般的人物，如果此人进京，自己以后的日子不会好过。于是他去见皇帝说出了大明朝诸多的法律条文，阻止王阳明入京。皇帝毕竟年龄尚小，根本就不是杨廷和的对手，所以最终只得按照杨廷和的意思命令王阳明去江西做巡抚。

走到钱塘江的王阳明接到圣旨，国丧期间不可行封赏之事，王阳明百感交集，但是他知道公道自在人心。一日醒后他跟学生说，昨日身穿官服，脱衣就寝不过还是这一身筋骨，不曾添得分毫，所以荣辱不过是心外之物，如心外无物，又有什么可值得迷惑呢？

一个人只有心胸变得豁达了，心才会平静下来，才能从容地面对所有发生的事情，才能远离烦恼，生活得活色生香。

第七章

态度不能决定一切，但能决定结果

1. 把自己看成圣人，你就是圣人

在虔，与于中、谦之同侍。

先生曰："人胸中各有个圣人，只自信不及，都自埋倒了。"因顾于中曰："尔胸中原是圣人。"

于中起不敢当。

先生曰："此是尔自家有的，如何要推？"于中又曰："不敢。"

先生曰："众人皆有之，况在于中，却何故谦起来？谦亦不得。"

于中乃笑受。

——《传习录》

我们每一个人都是上天赐予的奇迹，我们都如圣人般伟大。只要我们相信自己，就可以发挥真正自我拥有的智慧，成就一番伟大的事业。

王阳明通过自己的亲身经历和实践告诉我们，每一个人的内心都如圣人一般完美，我们每一个人都是神圣而伟大的，每一个"真正的自我"都要比现实之中的自己我更优秀，更有智慧，只是因为一些负面的影响，而遮蔽了内心那个真实的自我。

在虔州的时候，王阳明与学生陈九川、于中和邹守益一起探讨学问。王阳明跟学生们说："每一个人的胸中都各有一个圣人，只是因为信心不足，所以他们将自己心中的圣人给埋没了。"接着他对于中说："你也一样，在你心中原本也有圣人，知道吗？"于中慌忙站起来说，不敢不敢。王阳明则说，这是你自己心中原本就有的，为什么要推辞呢？于中于是又赶紧回答，不敢当，不敢当。

王阳明听后说："大家每个人心中都有圣人，你身上当然也有了，何必这么谦让呢？无论谦让与否，你的心中依然是有圣人。"无奈之下，于中笑着接受了。1522年，王阳明七十七岁的父亲王华安详地离开了人世。尽管小时候王阳明跟父亲王华有着诸多冲突，但是在他的心中，父亲王华始终是一个伟大的人，是他今生最敬慕和爱戴的人。就在王华去世前的最后一刻，朱厚熜封王阳明新建伯的旨意到达了余姚，父亲王华听到之后坚持让人搀扶去迎接使者，之后便溘然离世。

父亲王华去世，王阳明哭得死去活来，近乎失去了理智，但是半日之后，他便从悲伤中恢复了过来，并开始投入到父亲的葬礼之中。他像排兵布阵一样将葬礼打理得有条不紊，而且要求一切从俭。就在父亲葬礼之后，王阳明迎来了三个人物，这三个人便是曾经在贵州邀请他去讲学的席书，还有他的得意门生方献夫，第三个也是他的门生名叫黄绾。三人走到一起，谈论起了皇帝朱厚熜的事情，他们将心比心听从良知的指引，认为皇帝做得对，所以三人一起上疏支持皇帝认自己的亲爹为皇考。

朱厚熜看到这三个人的奏折之后，心中禁不住心花怒放起来，他马上重新提出要认自己亲爹为皇考的问题，而且寸步不让。到了1522年，皇帝朱厚熜的祖母去世。按照礼仪，皇帝的祖母去世理应披麻戴孝三个月，可是杨廷和却让礼部下令，披麻戴孝十三天，这件事简直把小皇帝的肺都给气炸了，便私下指使那些杨廷和驱赶走的一些人物整合力量。1523年十一月，以席书、黄绾以及方献夫为首的一些官员同时上疏支持皇帝的立场，皇帝在这件事情上迅速召集官员讨论，并发布命令让这些人进京任职。

在这件事情上，有人很想知道王阳明对待“大礼仪”事件的态度到底如何，其实早在余姚讲学的时候，王阳明就曾经写下两首诗。第一首诗：一两秋凉入夜新，池边孤月倍精神。潜鱼水底传心诀，栖鸟枝头说道真。莫谓天机非嗜欲，须知万物是吾身。无端礼乐纷纷议，谁与青天扫旧尘。第二首则是：独坐秋头月色新，乾坤何处更闲人。高歌度与清风去，幽意自随流水春。千圣本无心外诀，六经须拂镜中尘。却怜扰扰周公梦，未及惺惺陋巷贫。

在王阳明看来，天理当处于人情，朱厚熜就应当尊自己的父亲为皇考，而这两首诗很明显地表达了他的意思，那就是绝对的支持皇帝。几年之后“大礼仪”事件重新爆发，王阳明同诸多学生都站在皇帝的一边，对朱熹理学的门人开始猛烈的攻击。很多人认为这个时候，王阳明的心学与朱熹理学已经开始了正式的较量。其实输赢王阳明并不在乎，他早已经将这一切看淡。至于能否进京任职，他更是看得轻如鸿毛。

“大礼仪”事件尘埃落定，王阳明继续他的余姚讲学，京城朝堂之上那至高无上的权力与他没有半点关系。但是他依然坚持自我，做自己该做的，只要国家有难，只要皇帝需要他，那么他就会毫不犹豫地挺身而出。12岁立志做圣人，一生之中经历诸多坎坷的他，如今早已经成为了一个不平凡的人，早已经达到了圣人的境界。

很多人都觉得无法找到最优秀的自己，其实那是因为他们缺少自信，没有担当的勇气。只要相信自己，相信自己心灵中有着无限的可能，就能挖掘出内心的潜力，达到应有的人生高度。

2. 别找了，你就是自己的贵人

卜筮者，不过求决狐疑，神明吾心而已。《易》是问诸天。人有疑，自信不及，故以《易》问天。

——《传习录》

很多人都想通过占卜或者人脉圈来找到自己的贵人，其实这是不自信的表现。做人只要拥有足够的自信，就可以挖掘出深藏在内心深处的潜力，让自己的人生变得无比辉煌！

王阳明认为，古人总是用占卜的方法来试图解决自己心中难以明断的疑惑，使得自己的心变得聪慧起来。研究《周易》是问天，当人遇到事情，犹豫不决的时候，自信也不足，因此才会想通过《周易》来向上天请教，解答自己所遇到的问题。王阳明自己也曾经亲身经历，用占卜解答自己的疑难问题。

在王阳明被贬谪到贵州龙场的时候，他奔赴在去往龙场的路上，发现自己的身后总是有人不远不近的跟随，王阳明断定这是宦官刘瑾为了报复自己而企图在去往龙场的路上加害自己，所以他日夜兼程，利用自己在军事上学到的知识，在钱塘江将这些锦衣卫的爪牙摆脱了。但是王阳明的心中却一片灰暗，感觉到了从未有过的心灰意冷，于是他打算隐居山林之中，逃避现实世界的黑暗。

在一所寺院之中，大难不死的王阳明偶遇铁柱宫的道长。两人攀谈之中，王阳明就将自己想要隐居山林的想法说了出来。道长听了之后说："你隐居山林倒是没什么，但是你还有亲人啊，万一刘瑾因为找不到你而将罪名加到你父亲身上，然后将你父亲抓起来，给你安上一个叛国投敌的罪名，那时候你该怎么办？"王阳明听后身上不觉有冷汗出来，道士说的对，刘瑾绝对可以做的出来。

道长见王阳明不说话，于是为他占卜一卦，结果占卜出来后是

“明夷”两个字。这两个字意味着什么呢？道士解卦说“明夷”两个字的意思就是指一个人暂时遇到了艰难险阻，而导致郁郁不得志，但是不要那么悲观，如果可以将这些艰难险阻看作对自身的磨砺，那么未来是充满希望的，最终也会迎来光明的世界。

经过了道士的劝解以及占卜的帮助，王阳明知道逃避终究也不是办法，于是鼓足勇气，将隐居山林的念头抛开，将那些消极的想法也都摒弃，重新踏上了通往贵州龙场的路途。到了贵州龙场，面对荒芜的山林，王阳明就像是卦中所说，将这里看作通往圣贤之路上对自己的考验和心智的磨炼，终于在瘴疠和虎虫肆虐的龙场领悟了人生的真谛，迈出了人生中通向圣贤之路最关键的那一步，从而最终创立了自己的心学，成为中国哲学历史上的圣人。

所谓的占卜，其实就像是王阳明领悟到的一样，那不过是为了解决自己心中的疑惑，让自己的心重新获得自信和力量。其实，如果一个人真的有一种信心和定力，那么就算是不用占卜也同样可以成功。

1525年二月，席书向皇帝上疏推荐王阳明，尽管他将王阳明推崇到了极致，但是皇帝并没有起用王阳明。七月，应天巡抚吴延也向皇帝推荐王阳明，但是皇帝只是书面回答认真考虑，却久久都不行动。九月，退休司法部部长林俊知道了王阳明被多次举荐却不得志后，向皇帝建议让王阳明做秘书，但是朱厚熜身边的秘书太多了，而且都是道士，所以王阳明依然没有机会。十月，监察御史史熊爵爷向朝廷推荐了王阳明，结果被皇帝狠狠骂了一顿，就此结束。

如此多的人费尽心机力荐王阳明，而王阳明却在浙江余姚守孝期间过得悠闲自在。他在这期间唯一做的事情就是讲学，而对于别人对自己的诋毁，他根本就无所谓，也从来不辩解，而是选择无动于衷做自己该做的事情。其实在这几年，打击他学说的事情此起彼伏，从来就没有消停过。甚至于朝廷的两个御史向朱厚熜进言要禁止王阳明讲学，说他的心学让圣学也就是朱熹理学蒙尘。陆澄听后立刻发起反击，声明王阳明才是真正的圣学。结果王阳明知道此事之后，给陆澄写信说，诽谤不是靠辩论才能去解决的，天下的学问也不止朱熹理学一门，如果见到有人抨击心学是歪门邪道，就站出来辩驳，那还不得把人活活累死啊？而且一门学问的好与坏哪里是通过辩驳才能分辨出来呢？只要你觉得哪门学问好，认真去学就可以了，何必管其他人如何说呢？

从这封信中，我们看到王阳明宽广的心胸，以及他对于心学的自信。如今的他早已经不依靠什么占卜去开解自己了，对于世间发生的一切事情，他都可以做到淡然处之，而且他也不想让自己和学生们卷入政治斗争的漩涡之中。公道自在人心，对错无需辩解。

你想做一个什么样的人，达到什么样的人生目标，只要你相信自己，并不断为此而努力，你就会发现一个全新的自己，所有的一切也终将会实现。

3. 找准角度才能端正态度

“夭寿不贰其心”，乃是教学者一心为善，不可以穷通夭寿之故，便把为善的心变动了，只去修身以俟命；见得穷通寿夭有个命在，我亦不必以此动心。

——《传习录》

外界的环境我们永远都无法改变，但是我们却可以把握好自己选择的方向，找准角度，完善自己，改变命运。

王阳明认为，一个人要经常有好的想法和行为，并努力去实践这些想法，不能让外界环境的好坏影响到自己的心态。只要找准人生中的目标和角度，并且端正心态，就可以最大限度发挥自己的能力，掌控好自己的人生。

王阳明的学生王艮有一天出游回来，王阳明问他：“你出去游览都看到了什么呢？”王艮回答说：“我见到满大街都是圣人。”王阳明听后说：“你看满街的人都是圣人，那么满街的人看你也是圣人。”

某一天，王阳明的另一个学生董沄出游回来之后，看到王阳明就说：“我今天见到了一件非常奇特的事情。”王阳明于是问道：“你见到什么奇特的事情了？”董沄回答道：“我看到满大街的人都是圣人。”王阳明回答说：“这有什么奇怪的，不过是最平常的事情罢了。”为什么王阳明要如何回答呢，原因就在于王艮为人处世棱角还在，而董沄却是迷迷糊糊中有所领悟，所以王阳明才根据他们提出的问题，故意反着回答而教导他们。

同样的一句话，角度不同，态度也就不同。王艮看到满街都是圣人，却没有看到别人看他也是圣人；而董沄觉得看到满街都是圣人是一件奇怪的事情。所以做人做事都要找准角度，端正态度，只有这样才能锻炼一个人的心智，才可以慢慢长大成熟。

1523年是大明朝进士考试的时间，很不幸出题的都是朱熹理学的门徒。他们出的考卷是这样的：朱熹和陆九渊的学说本来是泾渭分明的，可是现在却有人认为两者是殊途同归，这不是在贬低朱熹吗？此等小人的险恶用心跟宋朝的何澹、陈贾有什么区别？如今此人还在到处蛊惑人心，宣讲什么低级学说，咱们是不是应该将此人的书全部烧掉，然后将他的思想都扼杀了？

很显然，考题中所谓“小人”不就是指王阳明吗？这哪里是考题，简直就是对王阳明赤裸裸的攻击。考场之中，王阳明的学生徐珊看到这个题目之后，心中想，我怎么可以不顾自己的良知而去迎合这错误的言论呢？于是乎放下笔，走出考场，选择主动落榜。而王阳明的其他学生中欧阳德、魏良弼等人则与徐珊不同，他们用老师心学的主旨思想去回答了这个问题，让人意想不到的是，此二人居然高中进士。在王阳明的学生中，钱德洪算是优秀学生了，他也是用老师的心学回答了试卷，只是他落榜了。钱德洪见到老师后，表示非常恼怒如今朝廷的时事。可是王阳明听后却大为欢喜，他对学生们说：“圣学从此可以光明了！”钱德洪觉得老师肯定是被这件事情气糊涂了，便问：“老师，连考题都公然反对您的学说，您怎么倒说圣学从此光明了呢？”

王阳明微笑着说：“你反过来想想，现在连进士的科考题目都要质问我的学说，那不就证明我的学说已经被天下的学子都知道了吗？他们觉得这样是在攻击我，殊不知这是在变相宣传我啊？如果我的学说真的错了，那么经过这么一宣传，肯定会有学生去找对的学说。而我的学说如果说是对的，那么必定会被那些有识之士认可。咱们现在真是该好好地庆祝一番啊！”

钱德洪听了老师的解释之后，不由地对老师这种乐观态度感到钦佩，并且心中自愧不如。仔细想一想很多事情并不是表面听起来那么让人不能接受，换个角度想问题，一切困惑也就迎刃而解了。或许真的是因为这次科举考试的原因，王阳明的心学风靡了整个大明朝，就连朱厚熜身边那些道士秘书们也开始对王阳明心学产生了极大的兴趣，而且时不时在皇帝面前提几句。而朱厚熜心中也感到迷惑，如果王阳明的心学就是为了修身养性，那么他那些学生大可以去个深山老林之中修炼，怎么会成为科举的试题了呢？

孟子说，万物皆备于我。心灵中的世界才是真正最为广阔的世界，只要将那些杂乱的思绪和念头收回来，换一个角度去观察人生，去思考人生，那么我们就可以从外界的束缚之中超越出来，获得无穷的力量。

接受现状，换一个角度想问题，端正自己的心态，就可以从容自在地应对万事万物，无惧人生中的一切风雨，生活中的一切自然也就豁然开朗了。

4. 傲慢最终只能慢怠自己

为子而傲必不孝，为臣而傲必不忠，为父而傲必不慈，为友而傲必不信。故象与丹朱俱不肖，亦只一傲字，便结果了此生。诸君常要体此，人心本是天然之理，精精明明，无纤介染着，只是一无我而已。胸中切不可有，有即傲也。古先圣人许多好处，也只是无我而已。无我自能谦，谦者众善之基，傲者众恶之魁。

——《传习录》

傲慢会让一个人忘乎所以，傲慢会蒙蔽了人的双眼，让人失去对事物的理性判断，从而影响生活与事业，甚至于危及自己的生命。

王阳明认为，傲慢不是一件好事，它是人生的一种病态。傲慢带给人的后果就是子女不孝，臣子不忠，父母不善，朋友不诚。正是因为傲慢，尧的儿子与舜的弟弟都因此耽误了一生，大家都应该经常想想这个故事，让自己警惕起来。人刚刚降生的时候，心本来是纯净透明的，是没有受到任何污染的，只是人们都没有认识到这一点而已。如果人的心里都装着无私，都不将自己看得太重，那么就会远离傲慢。古时候很多人都将自己看得很轻，他们都成为了圣人。当人达到了一种忘我的境界，自然就能懂得什么是谦卑，懂得谦卑自然就会对人充满善意。而傲慢则是导致人一切不良行为的最重要原因。

在南赣剿匪期间，王阳明遇到一个比较厉害的角色，那就是池仲容。说起池仲容，这个人颇有一些被逼上梁山的感觉。他和自己的老爹原本以打猎为生，本也是衣食无忧，生活得也算自在。但是当时的政府已经腐败到了让人无法容忍的地步，对猎户征收的赋税简直让他们无法承受。万般无奈之下，他与父亲只能到地主家当长工，租一些土地维持生计。然而天公不作美，那年因为遭遇灾荒而导致颗粒无收，结果狠心的地主就把他的父亲抓走，让他拿钱去赎人。

不幸的事情还在后面，县衙又来收税，他们毫不讲理，没钱就把家中值钱的东西都抢走，然后还要让百姓出来帮忙拉车。池仲容实在无法忍受了，当晚带着兄弟和乡亲进入县衙救出父母，占山为王，并开荒种地，打造兵器，自称“金龙霸王”。之后他开始联合其他占山为王的头领一起对抗大明朝的政府，几番下来打下了很多城池，并活捉过地方官以及指挥官。朝廷几番派兵来剿，但是都被他打得落花流水，弄得苦不堪言。这些剿匪的官兵只要看到一面蜈蚣的大旗，就觉得束手无策。而池仲容对于官兵的四次围剿不但取得了胜利，还打了一次特别漂亮的追击战。

这次王阳明来了，这个“金龙霸王”池仲容并没有将他放在眼里，而是主动进攻了信丰城，尽管没有攻下，但是也让王阳明大吃一惊。池仲容以为王阳明就跟前几任的南赣巡抚一样不堪一击，根本就不是他的对手，所以一点也不在乎。但是他此次真的是低估了王阳明。王阳明到了南赣，便快速地消灭了詹师富、温火烧等人，他才有所警觉，认真对待起了王阳明。

王阳明继续南赣剿匪的大业，先后又将横水、左溪和桶冈收复。此时的池仲容再也没有了当初的傲慢和轻敌，尽管手下的弟兄都来安慰他王阳明不过是瞎猫碰上死耗子，但是只有他自己心里明白，桶冈好似铜墙铁壁，而詹师富与官兵又多次交战，经验非常丰富，可是面对王阳明却在这么短的时间内就被打败，看来绝不可轻敌。手下的兄弟也表示王阳明在攻打詹师富的时候，用兵布阵很是神奇，不应该是个省油的灯，最好还是要多加防范才好。也有人说王阳明不过一介书生，能有什么本事，如果我们不下山，他又拿我们如何。

池仲容此时深知王阳明不可轻视，于是派人盯紧了王阳明的行动，当他看到王阳明散布的招降书后，立刻联系其他山头的人并对他们说，绝不可以对这招降书动心，官府的招降不过是个圈套，如果相信了不过是自投罗网罢了。结果黄金巢和卢珂投降了，池仲容心中依然信心满满。但是当王阳明重用卢珂的时候，他心中有点发蒙了。但是更坏的还在后面，因为向来都拒不接受招安的陈曰能也被王阳明打败了。而且他发现王阳明对于拒不投降者只采取一个办法，那就是杀。

池仲容对王阳明也玩起了计谋，那就是让自己的弟弟带着家属假装去投降，目的就是为了拖延时间。王阳明是何等聪明之人，一眼就看得明白，随即将计就计与池仲容周旋了起来。王阳明乃是军事奇才，他命令投降的人去搭建军帐，并参加战斗，随后又让他们带着好酒好肉回到山寨，故意说要让池仲容来商谈投降事宜，其实已经做好了所有进攻的准备，并最终一举打败了池仲容。就这样，池仲容因自己当初的傲慢轻敌而以惨败告终，结束了自己的土匪生涯。

太傲慢的人，也太过自信，甚至有些狂妄，殊不知天外有天，人外有人。做人只有保持一颗谦卑的心，才能做好事情。

5. 真正的领导不发威

万缘脱去心无事。

——《传习录》

领导也是从普通人做起，想要将管理达到理想境界，就要去磨炼自己的性情，保持一种平和的心态，这样才能担当起领导的重任。

1527年的七月，王阳明再次接到圣旨，让他去广西征讨匪患。其实此时的王阳明已经有严重的肺病，但是皇帝的命令谁又敢违抗呢？到了十月份，王阳明终于抵达了江西的广信，当年他就是在这里拜访娄谅并深受启发才步入到理学的研究之中。而此时的他因为心学在这里遍地开花，所以拥有诸多的学生，就连贵州的信仰者也穿过千山万水来到这里请教王阳明学问。王阳明发现如果在船上接见学生会有危险，所以就与学生们说等从广西回来之后彻夜长谈，但是对于贵州来的学生，他却不忍心这样做。

一个叫作徐樾的学生就像是朝圣一般期待着与王阳明见面，而这个学生不过刚刚进入心学的初级阶段，那就是静坐，但是他非常相信从静坐中可以领悟心学的真谛。王阳明答应了与他的见面。王阳明见面之后让他举一些例子说明心学，徐樾兴奋地开始举例，但是连续十几个例子都被王阳明否定，徐樾心中相当沮丧。王阳明于是跟他说："你太执着于事物了。"徐樾听不明白，王阳明就指着船中的蜡烛说，这是光，然后在空中划了一个圆圈，说这也是光，随后又指着船外湖面映照的烛光说，这也是光，随后又将目光投放到目所能及的地方说，这还是光。徐樾开始非常迷茫，但是很快就兴奋地对王阳明说，老师，我这次懂了。王阳明分手之时跟他说，不能执着，因为光不仅仅在烛上，一定要记住这一点。

王阳明第二天抵达了南浦，这里曾经是他与朱宸濠的战场之一。南浦的百姓都非常感激他当年擒获了朱宸濠，将他们从水深火热之中解救了出来，更重要的是这里的百姓也特别想见一见心中的人生导师。王阳明进入县衙之后，让自己的学生对百姓进行妥善安排，自己则坐在大厅的中央，让大家排好队依次进入。

有一个叫唐尧臣的学生本是王阳明的弟子，因为无法参透心学，所以就半路退学而去，但是通过后来自己的修行慢慢理解了心学的真谛，所以跑来想向王阳明学习心学。当他见到这般场面简直是惊呆了。王阳明的学生们见到他之后取笑地说，原来的逃兵又来投降了。唐尧臣听后不服气地回答，只有王老师这样的人才能让我再次投降，你们肯定是不会有这等能耐的。

十月的时候，王阳明到了南昌。南昌的百姓兴奋至极，在没有得到南昌政府同意的情况下，就纷纷自发地拿出自己家的水果以及刚刚做好的食品到城外去迎接王阳明。王阳明在南昌受到的接待级别相当于皇帝的规格。这事情传到北京城，招来诸多的羡慕嫉妒以及佩服。其实王阳明能得到如此的接待一点都不奇怪，因为朱宸濠在南昌期间做尽了伤天害理的事情，老百姓没少吃苦。在王阳明打败朱宸濠的同时，也开始在南昌开始讲学，他的心学学生可以说遍布了南昌的大街小巷。如今那个曾经打败了宁王的老师重新来到南昌，南昌的老百姓和学生们怎么能不为之疯狂呢？

离开南昌，王阳明继续南下。此时他的身体已经非常不好，但是他还要坚持，因为有皇命在身。吉安曾经是他攻克宁王的指挥所，在这里他同样受到了老百姓和学生们的欢迎。在百姓和学生热情的欢迎气氛之中，王阳明指导吉安的学生们说，炼心需要持之以恒，需要努力刻苦，并告诉他们，尧舜那样的圣贤之人，平常还要不断学习呢，何况我们，所以要想学好心学，必须努力地学习圣人。

“致良知的功夫虽然看似简单真切，但是这世间越是简单真切的学问就越是容易被人忽视。大家务必在生活中简简单单地按照自己的良知去做人做事，如果坚持这样做，那就是圣人气象了。”他预感到自己的时日已经不多，所以他告诉世人，只要按照良知的指引去真切的为人处世，并且持之以恒，那么圣贤的境界就在眼前了。

王阳明是一位受人尊敬的老师，是一位军事家，也是一位政府官员，可是他无论是面对平民百姓，还是面对学生，向来都是以一种平和的心态去相处，从来都不会计较自身地位的高下。无论是圣人、老师、官员抑或是其他，一切皆来自平凡，除去这些头衔，人不过是肉体凡胎，与普通人并无区别。所以王阳明一直以来都是淡泊名利，平易近人，对学生更是循循善诱，正确引导。

作为领导必须有一定的涵养，这样才可以让自己对待任何事情都能始终保持心平气和的态度以及冷静的头脑。想要干一番大事业，就必须不断修炼自己的身心，从而洞察一切，淡然面对，担当大任，做成大事。

6. 决断，然后去行动

知是行的主意，行是知的功夫；知是行之始，行是知之成。

——《传习录》

一个人只要有了想法，有了决断，就要去切切实实地行动。只有行动才能让想法成为现实，也只有行动才是实现理想的保证。

谁都知道王阳明是一代军事家，他指挥的战役无不是攻无不克，战无不胜。在南赣剿匪期间，池仲容是诸多土匪中最难对付的一个，王阳明对待如此厉害的山贼，一边明察暗访，一边招降，一边大胆作出决断，最终将他打败。

池仲安按照池仲容的吩咐带着二百名老弱残兵前去投降，王阳明看到这些士兵后，便知道这乃是池仲容的缓兵之计，于是乎他让这帮人当起了民工，在衡水建设兵营。1517年的十月下旬，池仲安在横水想要打探王阳明各种消息的目的彻底失败。就在这个时候，王阳明命令他带着自己的老弱残兵跟着部队去攻打桶冈。池仲安欣然同意，他以为这样就可以将了解到的情报送出去。可是他又一次错了，因为他去的前线不过是整个战场中最无关紧要的地方，想要送情报根本不可能。

打下桶冈后，王阳明派人暗地向那些受到池仲容骚扰过的地方绅士询问情况，这些地方绅士纷纷表示，池仲容此人只能剿灭，根本不能招抚，因为此人是这南赣实力最强的土匪，他绝不会相信投降之后会有好下场。王阳明并不希望看到两军对垒、血流成河的情景，但是他也明白像池仲容这样的山贼，他的良知已被私欲遮蔽的太久了，不是靠几句道德理论灌输就可以改变的，想要换回他们良知上的光明，可谓难上加难，唯一的办法就是消灭他们。

池仲容不希望自己与王阳明在战场上相见，他之所以派出自己的弟弟去投降，只不过是想探听虚实罢了。用他自己的想法，只要他池仲容不出去，王阳明的粮食消耗尽了，自然就会退兵。他这缓兵之计就是为了将王阳明的部队拖垮。但是等王阳明纷纷将各个山头的土匪剿灭，他再也沉不住气了，开始在山寨之中备战。王阳明心里十分明白，怎肯让他如此拖延，于是让他的弟弟池仲安拉上几车酒肉立马去山寨，并对池仲安说，你哥哥既然要投降何必备战呢？

池仲容心中其实早就想好了如何回答王阳明的这个问题，那就是他之所以备战是为了防范卢珂，他与卢珂早就有矛盾，他怕卢珂借此机会对他不利。王阳明其实在攻克了桶冈之后就命令卢珂的部队回到龙川，而且还将自己的精锐部队分成几个部分慢慢向池仲容的山寨靠近。王阳明想用由远及近的战略来最后攻克池仲容。

王阳明听到池仲容的解释之后回信说，如果卢珂真的如此，那他真是贼心不死，我定要严办。说到做到的王阳明立刻派了一支部队来到池仲容的山寨之下说，要开辟一条路去龙川。这个决定让池仲容惊慌失措，因为如果开辟此路，就要从他的地盘经过，如果那时候王阳明趁机向他发起突击，后果可就无法想象了。随即他回信表示自己的部队虽是杂牌军，但是对抗卢珂也是绰绰有余，但是现在卢珂是代表官府，所以不知道他的行为是代表官府还是个人呢？

王阳明回信告诉池仲容，既然已经说好了投降，何必疑神疑鬼呢？我现在就回到赣州，请你来赣州商谈投降的事情。池仲容不回信，静观其变。而王阳明则在1517年的十二月初九从前线撤兵回到了南康，然后给池仲容写信："如今我已经回到南康，老百姓自发为我捐款建立生祠，以前我杀了很多山贼，良心很是不安，但是我现在释怀了。因为我是代表百姓去做的这些事。如今我要回到赣州了，随时恭候你的到来。"池仲容收到来信，依然不回信表态。

其实王阳明根本无需等待回信，因为卢珂回到南康早就向他做了详细汇报，并判断此人必反。王阳明听后却微笑着说，他根本就没有归顺，何来反呢？卢珂提醒王阳明做好准备，但是王阳明微笑着回答："作何准备？他不敢出山，做各种备战，无非就是让我不敢去攻打他，那我就做给他看看。"卢珂知道王阳明用兵如神，所以没再多说什么。

1517年十二月二十日，王阳明带领部队回到南赣之后宣布休兵，然后让士兵回家种地，而外地的士兵全部自由活动。接着，王阳明再次给池仲容写信道："南赣所有的土匪都已经清除了，他们说你的势力最大，我告诉他们你已经投降了，只不过还没有正式举行受降仪式。如今我已经把部队解散，并且备好了酒菜，欢迎你来赣州城里，不知道你什么时候来？"这样几番斗智斗勇之后，池仲容最终被王阳明打败。

想要成就一番事业，就要在纷杂的事情面前做出决断，然后将这些决断付诸行动。只有行动才可以完成设定的目标，才可以让梦想成为现实。

7. 如何养成强大的气场

孔子气魄极大，凡帝王事业，无不一一理会，也只从那心上来。譬如大树，有多少枝叶，也只是根本上用得培养功夫，故自然能如此，非是从枝叶上用功做得根本也。学者学孔子，不在心上用功，汲汲然去学那气魄，却倒做了。

——《传习录》

在生活中我们经常见到一些有魅力的人，他们做人做事恰到好处，其实这就是所说的魅力。魅力能让一个人有一种难以言说的亲和力，而魅力也是一种气场的表现，是一个人自内而外透露出来的自信心。

王阳明跟弟子们说："孔子的气魄雄伟，因为只要是与帝王相关的学问和才能，他都加以研究、领会，这强大的气场皆是从心中得来。就比如一棵树，尽管有很多的枝枝叶叶，但是究其根本还是从根部培育起来，功夫到家了，自然就能如此了。现在的很多人学习孔子，但是都没有用心去学，只是匆忙地学习孔子的一些气场，如此去学习，并不会提高，只会颠倒。”

王阳明在流放之地贵州龙场，历尽艰险，克服了水土不服、瘴疠肆虐，虎熊以及毒虫出没，还有就是克服了一日三餐的困难，每日专心静坐，用心体会圣贤之心以及领悟圣贤们的各种心境，终于在一日夜晚在石棺静坐之时深刻明了了“圣人之道，吾性自足，向之求理于事物者误也”，也就是“致良知”的学说。

到了1508年的时候，王阳明又在贵阳的文明书院提出了“知行合一”的学说。所谓“知”，指的就是道德意识以及思想意识；而“行”指的则是人的道德实践以及实际行动。王阳明认为，知行本是一回事，两者互为表里，不可分离。知必然要表现为行，不行不能算是真知。良知，无不行，而自觉的行，也就是知。

从贵州龙场走出去之后，王阳明无论是做知县、剿匪、平定宁王叛乱从来都没有忘记自己的学术研究。他将致良知用在治理县城上，用在了剿匪和平乱之中。王阳明在还工作之余竭尽所能修建学院，走到哪里讲学就到哪里，对圣贤之学不停地研究、领悟，最后用四句话对自己的心学思想作了概括和论述：无善无恶心之体，有善有恶意之动，知善知恶是良知，为善去恶是良知。他还明确指出，人的心原本是晶莹纯洁的，并无善恶之分。但是只要人的意念产生，善恶也就随着来了。要想区分善恶，就要靠自己的良知。所谓格物，就是为善去恶。

1527年，王阳明出征广西，他的学生钱德洪和王畿对这四句话发生了分歧。钱德洪觉得这对于圣人来说是没有问题的，但是普通人却因为有习性在心中，所以难免就会被物欲所蒙蔽。当一个人有了一点这个念头之后，就要立刻反省，按照良知引导去做。而王畿却觉得人本善良，人心本就是纯净的，不会有什么意念出现。钱德洪听后反驳："像你这样，就坏了师门教法。"两个人正为此争论不休，在天泉桥上正好遇到王阳明，于是两个人就一起请教老师。

王阳明听了两个人的话之后，对两个人说原本就有两本，人有两类，一类就是利根的，这类人聪明，领悟的能力非常强，只要稍加点拨就会明白；一类就是钝根的人，这类人反应比较慢，需要一步一个脚印，踏踏实实地去学习。对于利根的人，只要悟到最根本的就是会融会贯通。但是一般人比较多，所以还要给他们讲为善去恶。

从王阳明这一番话可以领悟到他的一番苦心，从龙场悟道，他在艰苦的环境之中体悟到人生真谛；在剿匪之中他将自己的致良知与军事才能发挥到极致；面对大山深处的土匪，他以少胜多，创造军事奇迹，不仅历练出自己淡泊宁静的心境，更将自己的心学广为传播。在南昌，原本他并没有平叛的责任，但是他作为朝廷的官员，他作为有良知的人，知道自己有责任拯救大明王朝，有责任与宁王抗衡。在南昌，他自己组织民兵与宁王的王牌军作战，面对十万精兵，镇定自若，利用心计，利用时机，在很短的时间之内将宁王活捉，平息了这场叛乱。

王阳明为什么会在军事上屡次建立奇功，为什么他总是能够以少胜多，其实这跟他从小的苦心学习分不开。十五岁独自去边关考察；为了理解格物致知，一个人独自面对竹子七天七夜；为了学习养生，新婚之夜在铁柱宫与道士彻夜长谈；为了找到圣贤之路，辞职进入深山修行；为了建功立业，苦学兵法。这所有的一切都为他日后的成功打下了坚实的基础，也让他拥有了强大的内心与超强的自信，从而造就了他的军事奇才与哲学理论。

想要成为一个有魅力的人，就要不断地去学习，不断地去修炼自己的身心，建立强大的内心，建立淡泊的心境，只有这样才可以成就事业。

第八章

提升境界，就能看到光明

1. 名和利会让人失去自我

志于道德者，功名不足累其心；志于功名者，富贵不足以累其心。

——《静心录》

人生短暂，追逐名利不过是在浪费时间，相对于宇宙而言，人不过是空间的一粒尘埃，就算是争来了名利，又如何能大过世界？

如果说古代有人辞职，那么王阳明肯定是这辞职当中次数最多的一个。王阳明的第一次辞官是在江西做庐陵的县令，但是庐陵县连续几年遭遇旱灾，可朝廷却对庐陵毫无救济，反而对庐陵增加三倍税赋，导致庐陵百姓苦不堪言。王阳明上任的那年恰巧县城失火，大片房屋被烧，乡村更是闹起了瘟疫，百姓流离失所，根本无法生存，所以成群结队到县衙上访。王阳明面对庐陵百姓，索性自作主张将全县所有赋税全部免除。私自免除赋税在当时可是不小的罪名，王阳明为了不牵连别人，一个人上书要求负全责。就在那一年，刘瑾东窗事发，被皇帝杀死，而王阳明不仅没有受到处分，还被官复原职。

五年之后，王阳明已经当上了南京的鸿胪寺卿，但是他看到了官场的腐败决定请辞，在辞职信中说自己身体不适，需要回家修养，但是朝廷却不准他辞职，相反让他去做南赣巡抚。这南赣巡抚如果用现在的官职相比，就是一个军区的总司令，可以说有权有势。但是王阳明根本就不想理会朝廷的这一套，继续请辞。要知道大明朝的南赣总共管辖着江西、福建、广东、湖广四省的九个府第。当时四个省的百姓已经被官府逼迫得走投无路，于是乎都逃到了四不管的深山之中，抵挡官兵，做起了占山为王的土匪。所谓让王阳明任南赣巡抚其实就是让他去剿匪。朝廷几次派出的剿匪司令在当地不但没有剿匪成功，倒是做了许多的坏事。

三次辞职失败了，王阳明不得已做了这个剿匪的司令，只用了两年的时间他便将南赣九府的匪患消灭的干干净净，从此南赣重新恢复太平生活。南赣剿匪结束，朝廷想要对他进行封赏，但是他却一一回绝，接着上书请求辞职，但是皇帝还是不答应，硬是不让这位王大司令回家。于是乎万般无奈的情况下，王大司令就背着军区司令的头衔做起了修建书院、四处讲学的事情来。在我国的历史上，挂着这样的头衔去教书的先生，可以说仅此王阳明一人。

宁王在南昌叛乱，王阳明聚集三万民兵将宁王打败，拯救了大明王朝，应该说立下了大功，但是皇帝朱厚照昏庸无比，偏偏想借着宁王叛乱的事情到江南旅游。王阳明知道皇帝的意思，三次抗旨，硬是将宁王押解到了江西，让朱厚照这个小皇帝再也找不到来南昌的借口，就这样将南昌的百姓将面临的苦难解除。为此王阳明不但没有获得皇上对他所立功劳的肯定，而且遭到奸臣的诬陷。终日欢淫无度的皇帝朱厚照最后驾鹤西去，新皇帝登基，王阳明被封为南京兵部尚书，王阳明却又以身体为由辞职回家教书，但是新皇帝不准，还要为他封“新建伯”。王阳明对这些爵位根本就没有兴趣，再次两次上书，要求辞职。皇帝哪里肯他辞职。没办法，王阳明就带着这伯爵的封号回到家中，从此一心教书，不再与朝廷联系。

七年的教学生涯，使得他将心学发扬光大，天下尽人皆知。但是此时的大明朝又来了麻烦，仿佛王阳明天生就是为了解决大明朝那些麻烦而生的。广西发生叛乱，朝廷的大军让那些叛军打得落花流水，狼狈不堪。此时皇帝和文武百官再次想起了王阳明，因为以前他在军事上创造了那么多的军事奇迹，这次平定叛乱非他莫属，于是皇帝一道旨意让他去担任广西巡抚，去和少数民族作战。王阳明立刻拒绝，坚持不去。但是几次三番，皇帝根本就不允许他辞职，没办法王阳明又一次踏上了征讨乱军的征程。

其实王阳明心里明白自己无论如何都是逃不掉此次广西之行，他一边上书请辞，一边加紧调养自己的身体，为出行做准备。等到第四次圣旨到达，他已经为出征做好了一切准备。王阳明就是这样，当国家危难之时挺身而出，但是一旦朝廷危难过去就立刻远离朝堂。他不喜欢仕途，可是这一辈子都没有离开仕途。他不在乎名利，更不看中什么加官晋爵，他只是按照自己的良知去做了自己该做的事情。至于其他什么荣辱得失，什么功名利禄，在他这里不过是浮云罢了。他曾经告诉自己的学生，仕途之路就像是一张大网，只要陷入其中就很难自拔，所以进入这张网做了自己该做的，就要立刻出去，只有这样才不被那网困住。

名利不过是人的一种负担，带给我们的不过是沉重、捆绑和压抑，而不是轻松。名利会让人忘了初衷，会让人失去自我，无论什么时候，我们都应该保持清醒，明白自己真正想要的是什么。

2. 你的档次决定你的层次

君子素其位而行，思不出其位，凡谋其力之所不及而强其知之所不能者，皆不得为致良知。

——《传习录》

做人做事要按照自己所处的地位而行，不要去羡慕超出自己本分的东西。无论贫富贵贱，无论身处何地，都要依照当时所处的境地去行事，才可以保持内心安然自得的心态。

王阳明觉得，作为一个品德高尚的人，就该在他所处的地位上采取合适的恰当的行为举止，思考问题也不能逾越了自己所处的地位。所有想做能力所不及的事情或者是勉强自己去做不能做的事情，都不是致良知的表现。

35岁的时候，王阳明被贬谪到贵州边远的龙场做站长，他原本是一个官二代，原本仕途一片光明，可是如今却被流放到了这么一个荒芜的穷山恶水的小山沟之中。面对着瘴疠的肆虐，面对着无时无刻都可能出现的虎豹毒虫，面对着无粮食、无蔬菜的一日三餐，他也曾有过彷徨，也曾有过无奈，也曾心生悲凉，也曾想转身逃避这残酷的现实。但是他知道自己得罪了大明朝掌握生死、重权在握的宦官刘瑾。他偶尔也会想不明白，大明朝不是规定太监不可当权吗？为什么他刘瑾却权倾朝野，肆无忌惮地残害忠臣良将。但是这就是现实中的大明朝，这就是现实世界。逃避，很可能家人就会因此受到牵连，更可能因此遭到刘瑾的毒手。他明白此时的他逃无可逃，只能面对。

没有居所，那就自己建造。与当地的少数民族语言不通，那就慢慢磨合。但是因为随从水土不服，加上对家乡的思念，到了龙场不久之后，随从便一个个都病倒了。王阳明作为公子哥，作为家中的掌上明珠，作为大明朝的官员，从来都没有遇到过如此的境况，他仿佛感觉到茫茫宇宙之中，所有的坏事都像雪花一样向他飞来，挑战他的极限，考验他的耐力。他想到自己一直追寻着的圣贤之路，可是谁承想却被流放到这么一个闭塞的地方，他不知道那些理想还要不要，那些理想又要等到何时才可以实现。

无法逃避，必须坚持，与其每日这样生活在沮丧之中，不如接受现实。想到这里，他决定将心安定下来，平静地接受现实的一切。他将这里所有的艰难困苦都看作对自己身心的磨炼。人如果想要找到这样的磨炼机会还真的不容易，他这样自嘲，也就心平气和地做起了自己该做的事情。既然随从都病倒了，那么自己就干脆砍柴做饭，为他们做保姆，照顾他们，呵护他们。既然不能与当地的少数民族居民沟通，那就慢慢来，开始连比划带说话，到后来他逐渐将自己所知道的知识都传授给了这些简单却直爽的少数民族居民。面对瘴疠，没有好办法，那就用自己仅有的药学知识，自己采草药对抗这些病毒。总之他适应了这里的一切环境。

上天是公平的，你付出的同时肯定会得到。王阳明在这里慢条斯理地生活，让他有足够的时间去研究学问，出乎意料，在如此恶劣的环境之下，他竟然悟得人间真谛，奇迹就是这么发生的。一个人只要你接受了现实，只要按照当下的境地去做自己该做的事情，老天自然会还你一个公道。后来，当地的少数民族居民为王阳明建设了龙岗书院，王阳明便从此在这穷乡僻壤开始了自己又一次的讲学生涯。随着影响力的不断攀升，龙场附近的很多学生都开始到这个偏僻的地方来求教，而这个小小的龙场也因为王阳明变得热闹了起来。

处在什么环境做什么事，处于什么地位做什么事，绝不是生死由命、富贵在天的消极，而是一种为人处世的独特智慧。王阳明在龙场这种无法逃避的绝境之中，保持了平静的心态，努力学习各种学问，静坐参悟，以一种淡然的姿态迎接不断变化的局面，等待着机会的来临。就在王阳明在龙岗书院讲学期间，他的心中也似乎感觉到了上天不会辜负他如此坚持不懈的努力，也觉察到自己的能力正在逐步提升，龙场这个小小的地方必定不是约束他此生的困境。

在那不久之后，王阳明重新踏上了一个崭新的人生之路。而在这条崭新的人生之路上，他总是以一种淡泊的心境去面对一切，只要是自己该做的那就去做，超出自己能力、超出自己智慧的，那肯定就不是致良知，肯定就已经违背了自己的良知。所以终其一生，王阳明都是在其位谋其职。王阳明的这种智慧，代表的是一种隐忍，一种坚韧，一种大丈夫能伸能屈的气度。

圣人的最高境界就是天人合一。我们要以自己的生命去契合宇宙的节奏，才能在复杂的环境之中找寻到真正的自己，才可以在艰难的环境之中磨炼自己，才可以参悟到生命的奥秘，成就人生的意义。

3. 恢复心的本性

人心是天渊。心之本体，无所不赅，原是一个天。只为私欲障碍，则天之本体失了。心之理无穷尽，原是一个渊。只为私欲窒塞，则渊之本体失了。如今念念致良知，将此障碍窒塞一齐去尽，则本体已复，便是天渊了。

——《传习录》

人的智慧和潜能是无限的，只要修身养性祛除心中的私心杂念，就可以找回心灵原本的状态和智慧，就可以超越自己。

有一天，王阳明看到很多弟子都坐在地上，面无表情，就像是睡着了的石头。王阳明走过去把这些石头一个个都敲醒，问他们，你们在想什么？有一个弟子非常愉快地说："什么都没想，此时心中空空的，就宛如在太空之中遨游，简直是爽快极了。"王阳明听后说："我的确提倡你们静坐，但是我所说的静坐不是你这样的静坐，你这是枯禅，和那些老和尚有什么区别。"那个弟子听后心中感觉非常不悦，说："您不是让我们静坐安定情绪、物我两忘吗？"

王阳明听后说："我是让你通过静坐来安定情绪，达到物我两忘的境界，可不是让你什么都不想，只有死人才会什么都不想呢。"弟子们满脸茫然。王阳明说："佛家也讲物我两忘，但是他们不仅把心外的物忘了，连心内的也都忘记了，甚至连自己的心都忘了，而这些不是我的意思。我让你们静坐，是让你们将那些乱七八糟的思绪安定下来，然后一心一意地去反省自己，找出自己思想和行为中那些坏的毛病和行为，然后祛除它。”

王阳明在龙场遇到了人生中第一次生存的难题，他本是养尊处优的国家六品，尽管职位不是很高，但是绝对也是衣食无忧，达到了小康水平。在龙场那样的环境之中，王阳明在为自己打造的石棺之中静坐，静思自己的这一生，静思自己的理想与志向。就在大山的深处，就在宁静的夜色之中，他不仅达到了物我两忘的境界，还忘记了时间，忘记了时空，让自己的身心真正回归到了一种本真，正是因此才有了他的龙场悟道，产生出了我国伟大的哲学思想。

王阳明曾经跟学生们说，人的良知是不依仗一个人的见闻的。有学生听后就问老师：“您说见闻是次要的，我不明白，难道见闻可以忽略，可以去掉吗？”王阳明回答说：“你理解错了。我想告诉你的是，良知是我们与生俱来的，它本来就在我们的心中，所以不可能从见闻当中产生。但是很多人都在向见闻当中求得良知，这样做就是舍本逐末。现实生活中，你所见到的一切见闻，其实都是你心动之后的产物，这些都在你的心中，而你对这些事情的行为和决定，则是良知起到的作用。人只有让心恢复本性，让心灵回归原本的纯净，才可以让心中的良知恢复光明。”

有学生听了王阳明的话后问，那么到底如何致良知呢？王阳明说，你的那点良知正是你自己的行为准则。你的意念所带给你的，正确就是正确，错误就是错误，不可能有一点隐瞒。作为人，只要不去欺骗和隐瞒良知，遇到事情真真切切地遵循良知的指引去做，就可以存善去恶。格物致知就是致良知实实在在的功夫。想要找到致良知的好方法，就是要让心回归到本位，祛除掉心中那些私心杂念，这样遇到事件之后，它才会指引我们作出正确的抉择，做事情才会更高效，更具有准确性。

王阳明认为，人的心包含了无穷的力量和智慧，而这就像是无底深渊，也像广阔天空。心的本体无所不备，只因为各种私心杂念对本心的干扰，让本心所具有的这种无穷智慧失落了。其实每一个人心中的智慧是没有止境的，是无穷无尽的，只要人们将心中各种负面因素的困扰祛除掉，就可以发挥出本心那无穷智慧。

在南昌与叛军宁王朱宸濠对抗，在广西与反叛者对抗，在南赣剿匪，王阳明的每一次战役都是以少胜多，创造了许多军事上的奇迹。用王阳明自己的话来说，他在土匪和劲敌面前从没有过惧怕，从未有过胆怯，他让自己的心归于平静，将自己置身事外，审时度势，利用攻心战略扰乱敌人的军心，为自己赢来机会。其实无论是在战场还是在生活之中，一个人的强大，一支团队的强大，都莫过于心灵的强大。只要每一个人都拥有一颗强大的内心，那么一切困难阻碍都不再是障碍。所以修炼一颗强大的内心，可以战胜一切，可以发挥内心无穷的潜力和智慧，从而在做事和做人当中收获到意想不到的成功。

将自己的心归于一种宁静，让自己的心回归本性，你会有一种焕然一新的感觉，学习和接受的能力也会大大提升。如此，你会发现无论工作还是学习都比以往更有效，更容易掌握。

4. 尽职尽责是自己的事儿，与他人无关

众望莫负。

——《官讳经》

上天赋予我们每一个人都有自己的职责和责任，无论在哪里，无论做什么，只要做好自己该做的就可以无愧于心。

1516年的十二月，王阳明正在江西南安、赣州以及福建的漳州等地巡查。当时这些地方已经有三个月都没有下雨了，老百姓的日子过得异常艰难。王阳明作为地方政府官员，为了缓解旱

情，为了老百姓的生活，做了很多自己该做的事情，甚至于参与到老百姓的求雨活动中，并在《祈雨辞》中表达了自己的焦虑之情。他表示，如果上天有什么惩罚的话，那就全部由他一个人担当，不要为难这些无辜的百姓了。说来也奇怪，就在王阳明剿匪结束、想要回京复命的时候，此地区连下三天大雨，老百姓祈盼已久的大雨终于来了，旱情也得到了缓解，王阳明高兴地做了《喜雨》三首，来表达自己愉悦的心情。

也是在这一年，他巡查期间遇到了农民的起义军，这些农民起义军拦住他的船，不管王阳明如何劝说都无济于事。没办法，王阳明将附近的商船都集结到了一处，准备与农民起义军抗衡。农民起义军从未见过这样的政府官员，于是乎纷纷在岸边跪拜，告诉王阳明他们也是被迫无奈，江西大旱，他们都是灾民，在没有办法生存的情况之下，才做起了强盗。王阳明一听，这些所谓的强盗不过是灾民，于是立刻宣布停战，并将船开往赣州，投入到救济灾民的工作当中。

1519年，江西大旱，加之朱宸濠起兵造反，百姓民不聊生。作为大明朝皇帝的朱厚照根本就不体恤百姓，在这种大灾面前，不顾百姓的流离失所，苛捐杂税一点都不减少。王阳明便开始给皇帝上书要求减免税赋，解救灾民，但是一连三次上书皇帝要求减免赋税，都未得到皇帝的批准，无奈之下，他将朱宸濠霸占百姓的田地以及房屋都还给了百姓，并变卖了朱宸濠剩余的土地财产等去解救那些受灾的农民。

王阳明这一生始终都在做自己该做的事情，从来都不计较别人的看法和说法。他只知道不辞辛苦地为老百姓办一些实事，为国家鞠躬尽瘁。当年朱厚照登基，太监刘瑾依仗着皇帝对他的宠爱，在朝廷之中为所欲为，被人们称为“八虎”。朝中的大臣对这“八虎”恨之入骨，觉得皇帝必须与这“八虎”分开，否则后患无穷，所以联名上书要求处决“八虎”。皇帝实在是个昏庸贪玩任性的小皇帝，大臣的这些话尽管威慑到了他，但是面对刘瑾一帮人的哭诉，心中仍然有诸多的不舍，所以上书的结果却让刘瑾掌握了朝中的生死大权。从此刘瑾对大臣们开始了史无前例的打击报复。就在大家都不敢发言反对的时候，王阳明不顾一切地挺身而出上书皇帝，要求释放锦衣卫大牢之中的官员。此举自然得罪了刘瑾，随后刘瑾就将王阳明抓到了锦衣卫，并对他执行了四十廷杖之后，将他扔到了暗无天日的锦衣卫大牢之中。

时间到了1527年，王阳明再次被皇帝派去剿匪，这次是广西。到达了广西，王阳明在当地开始了一番实地调查。通过调查，他跟皇帝说，广西的田州、思恩，也就是如今的百色、田阳、田东等地方，地理位置对大明朝来说是非常重要的，这里是政府与安南国的最后一道屏障，如果国家无法控制好这些地方，那么就等于是向安南国打开了大门。有些书生却觉得这些地方都是荒芜之地，根本就可有可无。王阳明则认为，田州在抵抗安南国的地理位置方面非常重要，如果安南国不是现在处于一种内乱的状态之下，他们完全可以利用在田州的叛乱军队进入大明朝的国土。但是就是这样一个重要的地方，如今却惨不忍睹。

后来王阳明再次进行仔细考察之后，证实了岑猛的造反就算是有什么狼子野心，其实也是被逼出来的。因为他查阅了很多广西到南赣的剿匪记录，这个造反的岑猛曾经多次参与广西远征军，帮助攻打土匪，但是事后却没有一点嘉奖。所以岑猛的心中才开始愤愤不平，而地方官府却反过来向他索贿。在万般无奈之下，他才开始造反，公开反对政府。尽管前来平叛的部队依靠自己的人多势众将岑猛打压了下去，但是其作战能力已经极其微弱。而后来派到这里的官员，都觉得是荒芜之地，所以谁都不想干，他们除了想尽快离开之外，就是在这里拼命地收敛老百姓的钱财，欺压少数民族，导致这里的少数民族起义有八次之多。

在其位，谋其政，既然上天赋予我们这样的职责，那就应该在这样的位置上充分施展抱负，踏踏实实地做出一番事业，无愧于天地，无愧于己心。

5. 安定的心灵土壤里滋生出慧根

来书云："夫子昨以良知为照心。窃谓良知，心之本体也。照心，人所用功，乃戒慎恐惧之心也，犹思也。而遂以戒慎恐惧为良知，何欤？"

能戒慎恐惧者，是良知也。

来书云："先生又曰：'照心非动也。'岂以其循理而谓之静欤？'妄心亦照也。'岂以其良知未尝不在于其中、未尝不明于其中，而视听言动之不过则者皆天理欤？且既曰妄心，则在妄心可谓之照，而在照心则谓之妄矣。妄与息何异？今假妄之照以续至诚之无息，窃所未明，幸再启蒙。"

"照心非动"者，以其发于本体明觉之自然，而未尝有所动也。有所动即妄矣。"妄心亦照"者，以其本体明觉之自然者，未尝不在于其中，但有所动耳。无所动即照矣。无妄、无照，非以妄为照，以照为妄也。照心为照，妄心为妄，是犹有妄、有照也。有妄、有照，则犹二也，二则息矣。无妄、无照则不二，不二则不息矣。

——《传习录》

水只有静止的时候才会变成清水，水清，水面才可平静，才能观察到水底的物体。心也是如此，只有心安静的时候，才能滋生出智慧，才能发挥出本心的潜能。

王阳明在贵州龙场书院讲学的时候，冀元亨和蒋道林来到龙场。王阳明收到这两位得意学生，心中非常舒畅。有一天晚上，皎洁的月亮像玉盘一样挂在空中，没有一点云层，月光将那银色的光辉尽情洒向高山、树林，远处的山峰树木清晰可见。此时夜已经很深，所有的人都进入了梦乡，就连野兽和鸟虫都停止了鸣叫，天地之间的那种空旷和寂寥让人的心平静如水。

一片荒芜的山谷之中有一间简陋的茅草屋，亮着一盏小油灯。在闪烁的灯光之中，有三个人正在这寂静的夜里不知疲倦地讨论学问。这三个人就是王阳明与他的两个心爱的学生。蒋道林问王阳明："先生，仁体的关键在哪里？"他从少年开始就尊崇儒家的修养之学，深知认识仁体是做学问的要害之处，但是却不知道从什么地方下手。而蒋道林早年寻师访友，与很多的佛、道等人士一起研讨修身养性之学，颇有心得，而近几年在龙场又苦苦修行，更是对人生大彻大悟，参透了心性的玄妙之处，所以他想得到老师的指点。

听了学生的话，王阳明慢慢地回答道："要想认识仁之道，就必须从仁为何物说起。所谓仁者，乃是造化生生不息之理。它在宇宙天地之间，也就是说天下万物皆有仁体。仁也是一步步慢慢深入，然后才有固定的规律，才推动各种事物发展，所以世间万事万物才能够拥有生生不息的动力和源泉。在天地之间，这种生生不息无处不在，无物不有。古人所说的鸢飞鱼跃，水流花开，无处不是可见的天机。只要我们的心静下来，用心去观察，用心去体验，在任何事物上，都可以看到生机勃勃的情况。”

当王阳明说到这里之时，双眼凝望着窗外如水的月光，沉浸在一种悠远而神秘的境界之中，过了一会才缓缓地说：“天地之间，自冬至极寒之时，阴阳开始慢慢转化，在极阴之中，开始有微阳慢慢生长。伺候阳气逐渐生长，等到慢慢增长到达六阳，盛极而衰，阳气便又开始向阴转化，这就是大自然生生造化的玄机。说到底，仁体也就是宇宙中万事万物的本能推动力，其中蕴含着独特而伟大的能量。”

王阳明跟学生们说，人类的意识因为具有善于联想、浮躁以及不稳定等诸多特性，所以对普通的人而言，是不可能改变意识的这些特质的。因为意识是由一个外在的“自我”所控制，我们为了这个“自我”产生喜、怒、哀、乐的种种情绪，最终成为了它的奴隶。而人们的这种喜、怒、哀、乐正好截断了大自然与内心相互沟通的桥梁，遮蔽了人们内心之中所存在的智慧和能量，让我们不能洞悉到大自然的规律。而我们也就一味地去追求了那些镜花水月一般的物欲，从此不能自拔。

想要认识仁体，就必须认识心灵本体的智慧。这种智慧就是让我们外在的意识停下来，让内在的心灵回归原本的纯净状态。在这种清明与纯净之中，我们内心的深处才能够懂得如何待人接物，如何能把事情做好。想要让心灵的土壤之中滋生出本有的智慧，那么在做任何一件事情的时候，都要学着尽量专注地去做，将全部的精力集中到事情上面，等到注意力集中之后，便可以将各种思虑慢慢放下，让心慢慢沉静下来，达到一种忘掉自己、忘掉周围一切、物我两忘的状态，那么就可以让心灵之中的智慧尽情挥发出来。

我们之所以觉得过得不幸福，不快乐，就是因为我们的心无法安静下来。如果心灵总是在各种事物中游走，那就如同钟摆一样左右摇动，我们的心也就失去了本有的洞察能力。唯有让我们的心静下来，才可以看到事物的深处，才可以让心灵的土壤长出智慧的鲜花。

6. 心无所求才能有求必应

饥来吃饭倦来眠，只此修行玄更玄。说与世人浑不信，却从身外觅神仙。

——《静心录之八·外集二·答人问道》

饿了就吃饭，困了就睡觉，做人做事顺其自然，无所要求，才能领悟快意人生。

纵观王阳明的一生，他生性豪放豁达，一生都在追求圣人之道，无论走到哪里都以国家和百姓为第一要事。也正因为此，使得他常常得罪朝廷中的一些官员和权贵，在仕途之中屡次遭到不公平的待遇，受尽了四处飘零的苦楚。但是王阳明无论身在何处，面临着怎样的艰难环境，一直都保持着一种乐观向上的精神，无所求地做着自己的应该做的事情，为国家和百姓鞠躬尽瘁。也正是因为他这种无所求的精神，才让他的心学最后名满天下，成为中国历史上受人尊崇的圣贤之人。

宁王作乱其实早就已经做好了准备，开始他的府第并没有护卫，为了得到自己的部队，他便贿赂刘瑾，与他狼狈为奸，还每年向皇帝献上各种灯笼，其目的就是博得朱厚照的一笑，恢复自己的护卫职权。最终刘瑾私自恢复了宁王的护卫职权，而宁王也就堂而皇之地在南昌自己的王府之中打造兵器，操练自己的军队。随着时间的推移，宁王的谋反之心竟然变得公开了起来。朝廷之中自然有正义之师上书皇帝，告诉皇帝宁王朱宸濠早就有了谋逆之心，需要削去他府第的护卫头衔，解散他的士兵，可是皇帝却将这些大臣的话当作耳旁风。

说到底宁王朱宸濠造反从某一些程度上讲是皇帝的纵容，当然宁王也看到了皇帝的昏庸，觉得他都可以坐皇帝，而自己要比这个朱厚照强多了，当然也可以坐上皇帝的龙椅了。宦官当权的大明朝已经腐败至极，宁王公然与朝廷中诸多的大臣交往，拉拢，其目的昭然若揭。后来刘瑾东窗事发，被皇帝处死，但是这对宁王来说一点影响都没有，因为他立刻就和朱厚照身边另一个红人太监钱宁交往上了。据说，钱宁除了爱钱没有其他嗜好。于是乎宁王就对钱宁挥金如土，而钱宁收受了宁王的好处，便在皇帝面前肆意地为宁王说好话。

在钱宁的帮助之下，宁王不仅保住了府第的护卫队，更争得了江西的兵权，从此江西就成了他的地盘，他在那里可以说是为所欲为。而另外一个方面，那就是他看到了皇帝朱厚照的昏庸，这一点也让他更加坚定了自己叛乱的决心，同为皇室子孙，你能做的，我宁王为何就做不得呢？他开始四处网罗，为自己物色合适的谋士，就这样他找到了身边最为贴身的两个谋士。一个刘养正，此人也算是一个神童级别的人，但是却和科举无缘，屡次考试屡次落榜，后来他一怒之下发誓再也不去参加科考，从此安心在家修身养性。后来朱宸濠几次三番派人带着礼物去请他出山，才到宁王府与朱宸濠共谋大业。宁王的另一个谋士叫李士实，这个人原本是翰林官，也就是皇帝的秘书，每天出入朝廷的图书馆看看书，懂得一些谋略。朱宸濠来找他，将自己的抱负一说，没想到此人竟然拍案称好。就这样，朱宸濠找到了自己身边的两位谋士。

1519年的五月，钱宁不再像以前那样受到朱厚照的恩宠，而江彬和张忠则勾结在一起与钱宁争宠。争斗之中，宁王成了江彬与张忠扳倒钱宁的工具。为此，皇帝朱厚照想要再次革去他的护卫队，这样一来宁王再想恢复可就是难上加难了。宁王听到这消息之后，叫来两位谋士商量此事该如何做，两位谋士一听便说，一不做二不休，既然想要造反，不如趁着明日生日之时将江西的官员一举拿下，不跟着起义的就杀无赦。为了师出有名，他们编造了奉太后命令发兵讨罪的圣旨。当天夜里，宁王集结部队将近十万，然后在家里等待。

1519年的六月十四日，宁王府里热闹非凡，但凡江西的大小官员都前来为王爷祝寿，就在宴会进行到高潮的时候，宁王站出来宣布："接到太后密旨，要出兵北京，讨伐皇帝朱厚照。"众官员立刻明白宁王要造反，但是顾及自己的家眷，只好都忍耐了，而孙燧却站出来质问圣旨何在。宁王只问他要去南京保驾还是不保，孙燧大骂宁王谋反，结果被士兵拿下。接着许逵也质问宁王，结果也成了牺牲品。

事情很不巧，宁王造反偏偏被王阳明撞见，按道理王阳明的职责是去福建平定兵变，至于朱宸濠，根本就不在他的职责范围之内，对于此事他大可以装作不知道，然后撒手不管。但是他没有作丝毫考虑就开始想办法阻止宁王。此时在他心中，得失早已经不再重要了，阻止宁王更不需要什么理由，也根本没想将来有所要求，正因为此，他后来才得以在江西备受百姓爱戴。

在人生之路上，最成功的人就是无所求的人。只有不争的人才可以获得成功，成就非凡的事业。

7. 唤醒你内心的良知

善念发而知之，而充之；恶念发而知之，而遏之。

——《知行录之一·传习录上》

作为人，其实我们心中有时候有善念，而有时候也会升起恶念。当我们恶念升起的时候，就要及时制止，这样我们的心灵就会越来越纯净。

王阳明在赣南地区奉命镇压农民起义的时候，曾经给自己的学生写信说："破山中贼容易，破心中贼却难。"这也表明了王阳明心中所想，山中贼其实就是当地的农民起义军，而这心中的贼就是指农民的那些造反思想，当然也暗指了大明朝那些官员的一些私欲。在王阳明的心中，这些农民起义军根本就没什么惧怕的，真正难以对付的是这些人心中的一己之念。这些念头，你看不到，摸不到，但是这些念头在他们心中却瞬间即来、瞬间又去，所以想要真正对付这些农民起义军心中的一己之念，需要花费巨大的力气才可以。

为了将致良知的思想在现实生活中得以实践，他一边用部队征服起义军，一边改良政策，顺应民心，安定当地的社会秩序。在赣南匪患严重的时候，当地的百姓苦不堪言。他们既要应对政府官员士兵，还要对付那些下山而来的山贼。王阳明为了安抚这些被战事惊扰的平民百姓，每到一个地方都会向朝廷奏明设立新县城，并在作战的业余时间筹资建立学堂，为大家讲心学，教化百姓。

在浰头攻打山贼的时候，王阳明为了减轻当地老百姓的负担，他主张疏通商税盐法，还亲自制定细则，建学校，宣扬教化，化民成俗，用一种思想约束来管理县城。在作战的业余时间，他广收门徒；在部队休整期间，他与学生们一起讨论学问，教给他们如何修身养性，如何建立自己正确的志向，如何走上圣人的道路。这些前来听讲的学生住在练兵场，一住就是两三个晚上，最多的时候练兵场根本就无法容纳下这些学生，所以后来王阳明就在此修建了濂溪书院。

无善无恶心之体，有善有恶意之动，知善知恶是良知，为善去恶是格物。其实这四句话就是教给人们如何找回自己的良知。王阳明虽然在龙场悟道，但是他依然是个肉体凡胎，难免也会有心动时候。王阳明在老家浙江余姚修养的时候，有一天，一个年迈的老乡过来找他。这个年迈的老乡告诉他，自己无儿无女，身体也不能再种田了，所以想把自己家的土地卖给他，给自己换点养老的钱。王阳明听后一点也不客气地就拒绝了，因为在当时土地是不允许买卖的，而且他自己也不忍心看到这个年迈的农夫临死却看不到自己赖以生存的土地了，所以他给了老农夫一些银两就将他打发走了。

等到那个年迈的老乡走了之后，王阳明为自己的良知又光明了一分而感到十分高兴。但是很快他的那些高兴和兴奋就没有了。原来在一个风和日丽的上午，王阳明与他的学生们一起到山中游山玩水，等到了一处地方，一个学生指着一块散发着泥土清香的土地对王阳明说，老师，你看到眼前的那块土地就是前几日找你要出售土地的那个老伯的地。

王阳明听后顺着学生手指的方向看去，不由得从心中发出一声赞叹，真是一个修身养性的好地方啊！心中不觉得开始懊悔起来，想着，当时还不如买下这土地呢。这地方风景秀美，空气清新，多美！就在王阳明心中升起这念头的瞬间，他的心中也不觉得开始打了一个寒战，他默默地问自己，我这是怎么了？为什么要这么想？我心中怎么会懊悔起来？我为什么要懊悔？就是因为眼前这块土地很美，很适合自己吗？这不就是人们的贪欲吗？我怎么可以有这种想法？我绝不可以有这样的想法，我必须坚决地祛除掉这想法。从那时候开始，虽然他与学生行走在山水之间，但是很长一段时间之内，他都保持沉默，不再说话。学生看到老师这样的举止，都觉得非常惊讶，一直到太阳快要落山的时候，王阳明才长长地舒了一口气说道："终于将这私欲祛除了，真是难啊！"

王阳明原本与学生们一起在山水之间游玩，心中可以说是坦坦荡荡，这就是所说的"无善无恶心之体"。但是当学生告诉他关于那块土地的事情时，他马上心生懊悔之意，这就是所说的"有善有恶意之动"。"意"动了，就要祛除私欲，这就是"知善知恶是良知"。当良知告诉他要祛除恶的时候，他便开始沉默专心致志地祛除心中的恶，就是"为善去恶是格物"。

唤醒内心的良知，就是要祛除心中的恶念，只有祛除了恶念，我们的心才会保持平静似水，才会淡然面对人生。